Journeys With a Brother : Japan to India

バーソロミューとの旅(下)
インド編

"わたし"の本質に目覚める

バーソロミュー
BARTHOLOMEW
ヒューイ陽子 訳
YOKO HUEY

ナチュラルスピリット

バーソロミューとの旅（下）【インド編】

世界中の〈神を探す人〉や〈神を見つける人〉たちに本書を捧げます。
そしてバーソロミューの思いやりと粘り強さに深い感謝の念を捧げます。

目次

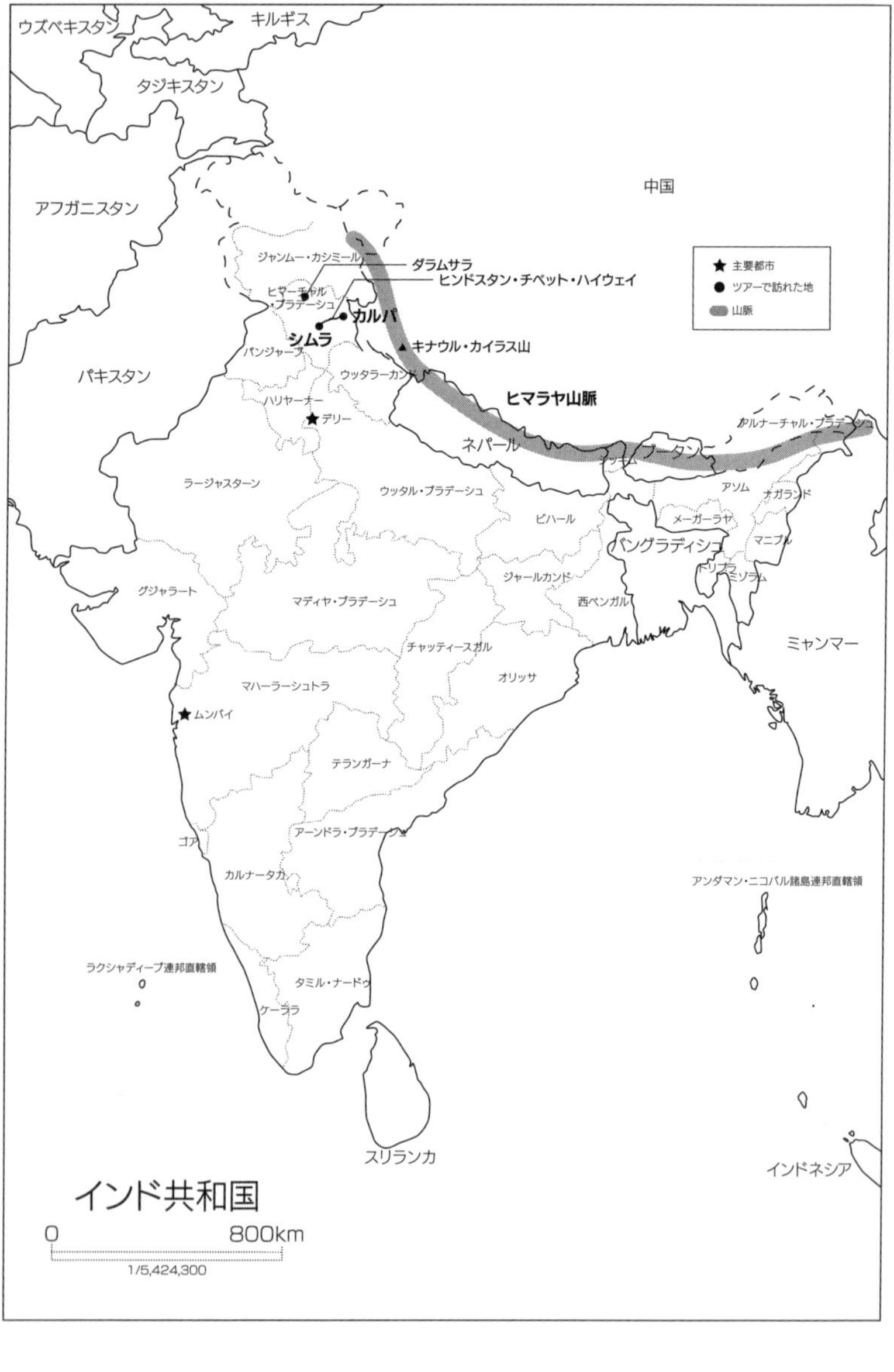
ウズベキスタン
キルギス
タジキスタン
中国
アフガニスタン
ジャンムー・カシミール
ダラムサラ
ヒンドスタン・チベット・ハイウェイ
ヒマーチャル・プラデーシュ
カルパ
シムラ
キナウル・カイラス山
パンジャーブ
パキスタン
ウッタラーカンド
ヒマラヤ山脈
ハリヤーナー
デリー
アルナーチャル・プラデーシュ
ネパール
シッキム
ブータン
ラージャスターン
ウッタル・プラデーシュ
アソム
ナガランド
ビハール
メーガーラヤ
バングラディシュ
マニプル
トリプラ
ミゾラム
ジャールカンド
グジャラート
マディヤ・プラデーシュ
西ベンガル
チャッティースガル
ミャンマー
オリッサ
マハーラーシュトラ
ムンバイ
テランガーナ
アーンドラ・プラデーシュ
ゴア
カルナータカ
アンダマン・ニコバル諸島連邦直轄領
ラクシャディープ連邦直轄領
タミル・ナードゥ
ケーララ
スリランカ
インドネシア
インド共和国
0
800km
1/5,424,300
主要都市
ツアーで訪れた地
山脈

【登場人物】

《ツアー企画担当》

メアリーマーガレット・ムーア：今回の京都・インド旅行のチームリーダー
ジャスティン・ムーア：メアリーマーガレットの夫であり、バーソロミューの集会時には録音を担当
ジョイ・フランクリン：「バーソロミュー」シリーズ編集者であり、今回の旅行記の執筆者
チャイタニャ＆ラッセル：オーストラリア人カップル。インドの旅のガイド兼企画担当

《ツアー参加者》

［アメリカ人グループ］
ジョージ・ウェストモーランド
ラリー＆ロバータ・ノックス夫妻
エミー・チェニー
ジム＆エレン・ウィリアムズ夫妻
グレタ・ティスデイル
リンダ・ムーア
ダーシー・ソール＆シャロン・スウェンソン
ローレル・サンド
エレノア・ヴォーゲル
リー・バルチ
バーバラ・ヴァンキャンプ
パトリシア・モーリー
ジュディス・スモール
キャロリン・レイク

［オーストラリア人グループ］
リン・ベル
ソル・シンガー
ローレン
デヴ
ガイ
クレア
リシ
ポール
ジョアナ

《ツアー同行コック》

ジュンパ
ネイマ

第3部

インド

一九九二年八月

12　旅はつづく

わたしたちは現地時間の夜九時半にデリーに着いた。外は真っ暗で暑く、しかもべとべとした暑さで、悪臭が鼻につき、ディーゼルの熱気があたりにたちこめていた。薄暗い照明の下で、乱暴に積み重ねられた荷物の山から自分たちのバッグをやっと探し出すと、疲れ切った旅行者の列に加わって通関を待った。

十メートルくらい離れたところに低い木製の柵があって、その向こうにいる人たちの何人かが手を振ったり、「いらっしゃい！」と叫んだりしている。わたしたちを迎えに来たオーストラリア人の一行だった。

税関を出ると、黒い巻き毛を垂らした女性がわたしのところに来て、少しはにかみながら「はじめまして。リン・ベルです」と挨拶した。リンはバーソロミューの本をオーストラリアに紹介してくれた人で、これまで何年も手紙やファックスのやりとりをしていたが、会うのははじめてだった。うれしくて抱擁を交わしていると、元気ではち切れそうな男性が近づいてきた。ソル・シンガーだった。瞳をキラキラ輝かせ、歓迎の笑みを顔いっぱいにして白い歯を見せている。彼の肩越しにチャイタニャの姿が見えた。彼女と会うのはタオス（訳注：メアリーマーガレットやジョイたちが住んでいる町）以来だ。すらりと背が高いチャイは、インドが性に合っているらしく、ゆったりと落ち着いて見える。チャイはパートナーのラッセルを紹介してくれた。背の高いハンサムな青年で、髪は黒くあごひげを生やしている。

「みんな揃ってますか」とチャイが笑顔で尋ねながら、近くのスーツケースを手に持った。彼女は返事を待たずにメアリーマーガレットの腕をつかむと、出口に向かってさっさと歩き出した。残りの者たちもその後ろをぞろぞろついていった。十二時間の空の旅と時差のせいで判断力を失っていたので、わたしたちは言われるままに動いた。〈冷房〉がついているはずの小型バス二台に乗り込んだわたしたちは、開いている窓から入ってくる風にいくらか元気を取り戻したのだが、市内の混雑した道路を平気な顔をして右に左にとスイスイ車線変更する運転手を見ていたら、ハラハラしてさらに目が覚めた。

やっと目的地のマリナ・ホテルに着いたわたしたちは、しんと静まりかえったロビーにどやどやと入っていって、そこら中の椅子やソファに手足を投げ出して座り込んだ。そのあいだ、チャイとラッセルがチェックインの手続きを済ませ、部屋の鍵を配り、翌朝のシムラ行きの集合時間が早いので遅れないようにと、みなに注意した。一行はそそくさと椅子から立ち上がると、割り当てられた部屋を探しに、おぼつかない足取りで白大理石の階段を登っていった。

キャロリンとわたしは荷物を下ろすと、部屋を見回した。部屋は広くて天井が高く、壁には木製の腰羽目《こしばめ》が張られ、窓は縦に長い上下開閉式で、イギリスの影響が顕著だ。しかし分厚いカーテンはところどころ裂けているし、カーペットはすり減っていて、黒っぽい木製の家具には傷が目立つ。往時、天井の照明器具に電流を流したスイッチも今は機能せず、バスルームの豪華な黒大理石は欠けたりヒビが入ったりしている。トイレは取り付けがゆるんでガタガタし、水道の栓はまったく役に立たない。

部屋は冷房装置がくたびれているせいか、かび臭く、壁には湿気による染みがついている。けれども何はともあれ、部屋は涼しかった。きちんと用意されたベッドの横にはランプが一台あって、コップとペットボトルがやさしく照らし出されていた。わたしはぬるいシャワーを浴びるのはやめて、さっと歯磨きを済ませると、早々にベッドにもぐり込んだ。

13　デリーからシムラへ——インドの一日目に学んだこと

翌朝八時、二台の小型バスは、屋根に荷物やキャンプ用品をひもで縛り付け、オーストラリア人とアメリカ人旅行者とチベット人コックたち一行を食料や日用品といっしょにギュウギュウ詰めに乗せると、ディーゼルの黒煙をまきながらホテルを出発した。大通りに出たとたん、大きさも種類も異なるトラックやバス、乗用車、オートバイ、ワゴン車、自転車、モーター付き自転車などが騒々しくごった返す中に放り込まれた。わたしにはすべてが物珍しかった。覆い付きの小型三輪自動車がここではタクシーの役を果たしている。黄色と黒に塗られたタクシーは、太ったカブトムシのようにすばしこく動き回って、車道を出たり入ったりしていた。

歩道では、色鮮やかなサリーを着た女性や黒っぽい背広を着た男性、多彩なターバンを頭に巻き、ゆったりとした絹のシャツに真っ白のズボンをはいた男性たちが混じり合って、人の波がときれずに動いていく。まるで刻々と変化しつづける色の流れを見ているような気分だが、ときにひとりの人間やひとつの顔が群衆の中からぱっと目に入ってくる。脚のない乞食が建物に寄りかかって通行人の脚のあいだからこちらを見ていたり、インド人紳士の黒い横顔が彼の乗っている真っ白のベンツと際だったコントラストを見せたりする。また、道路脇では、ブリーフケースを小脇に抱えたビジネスマンが汗をふきふき、黄色のタクシーに乗り込む姿が目に映った。

暑苦しく騒々しい街の光景に飽きてきたころ、バスは市街地を通り抜けた。運転席と座席のあいだに積み重ねられた食料や日用品の上に後ろ向きに座っていたソルが、買ったばかりのハルモニアムの包みをほどいて楽器の風袋をふくらませると、鍵盤を弾きながらハミングしたり歌を歌ったりした。ほかのオーストラリア人たちもいっしょに歌い出した。わたしはだんだん緊張が解けてきて、ゆっくりと水筒の水を飲んだ。

やがてバスは高速道路に入ったので建物の数も少なくなったが、ついには郊外も通り過ぎて、田舎道に出た。北へ向かう道は、車のほかに牛車やロバがのろのろと進み、その横を人がとぼとぼ歩いていた。四、五時間たったころ、土地の事情に無知なわたしたちは、トイレに行きたいのだが、とチャイに言った。「オッケー」とチャイは返事すると、運転席を囲んでいるガラスの壁を叩いた。振り向いた助手にチャイが大声で依頼すると、助手はにやっと笑って運転手に何か言った。運転手はただちに警笛を鳴らして道ばたに停車した。

わたしたちが停まったのは畑の横で、畑のまわりにはやせた樹木や灌木が生えていた。キャロリンとわたしはおたがいの顔を見合わせ、何が何だかよくわからないままバスを降りて伸びをした。オーストラリア人たちはわたしたちのあとからがやがや降りてきて、二台目のバスが停まる前にさっさと歩き出した。

　アメリカ人たちはあたりを見回しながら、のろのろとオーストラリア人グループの後をついていった。チャイは、わたしたちのほうを振り返って、「足元に気をつけてくださーい」と叫ぶと、木の陰にさっと消えた。数秒たってやっと、わたしたちはここがトイレなのだと気づいた。ロバータはアッハッハと笑ってから、膝丈の草地の中にいそいそと入っていった。ほかの者たちも、道から離れた場所で運転手や仲間から見えないところを探して散っていった。バスに戻ってきたときには、みな恥ずかしさを捨て去って、陽気な一団になっていた。


　シムラへの道路は、松林の香りのする涼しい山岳地帯へと高度を上げていった。わたしたちは席を交換しあったり、通路に立ってみたり、水や箱入りジュースを飲んだり、ナッツを食べたり、バスの窓から顔を出したり引っ込めたりして時間をつぶした。わたしは長いバス旅のあいだにチャイから話を聞きたいと思った。有力者の遠い親戚と知り合いだというようなコネでもないかぎり何もできないこの国で、チャイとラッセルがどのようにしてわたしたちのツアーを準備したのか知りたかったからだ。

「この旅行のそもそものきっかけはどういうことだったんですか。最初の目的は何だったんですか。そしてその目的通りに進んだんですか」とわたしは質問した。

　チャイは椅子の背に深くもたれて足をタマネギの袋に乗せると、「そうですねぇ」としばらく考えるふうだった。

「そもそものきっかけはですね、メアリーマーガレットとジャスティンがオーストラリアのわたしの家に来たときなんです。みんなでベランダに座ってインドやヒマラヤの話をしていたんです。ラッセルとふたりで歩いたザンスカルの写真を見せたら、メアリーマーガレットたちはとても感動して、インドのほかの地域にも行ったことがあるのかとジャスティンが質問したりして、あげくにメアリーマーガレットからヒマラヤ旅行を企画してくれないかと頼まれたんです。わたしは、単なる観光旅行だとやる気がしないけれども、霊的にパワーのある場所に行くのなら喜んでやります、と返事したんです」

「どのくらい前の話なんですか」とわたしは訊いた。

「二年前くらいだと思います」と返事してから、彼女はナッツを口に放り込んだ。

「やります、と返事したんですけど、インドの国内旅行なんて企画したことがなかったので、むずかしいことは承知していました。とにかくこの国で何かを企画するというのはとてつもなくむずかしいことです。でもやれるだけやってみようと思ったんです。それがことの起こりです。ラッセルとわたしは今年の一月にインドに来たんですが、書類を全部そろえて役所の許可を取るのに三カ月かかりました」と彼女はため息をついた。

「どこの役所に行っても、まるで険しい山をいくつも登らされるような扱いでした。わたしが目指したのは、参加者がなるべく不快な思いをしないですむように、ということでした。滞在日数が限られているので、お役所の形式主義に縛られて時間を無駄にしたくないという気持ちもありました。参加者のほとんどはインドを旅行したことがないので、この国の習慣や気候にショックを受けるだろうということもわかっていました。インドは耐えがたいほど暑くて、おまけにデリーは公害がひどい町です。そこで一刻も早くデリーを出て、山岳地帯に移動するような旅程にしたんです」

「ダライ・ラマの件はどうやったんですか」とわたしは尋ねた。

「それは、ラッセルとわたしがダラムサラ（注1）に行ってから、計画したことです。わたしたちはチベット仏教の指導僧になるべくたくさん会って教えを受けられたらと思いました。できれば、ダライ・ラマがそこにいらっしゃれば、謁見をいただくか教えを受けたいと考えたんです。その後、わたしは南インドに行って、法王の秘書に会いました。グループとして法王にお会いできないかと尋ねると、ダメだと言われました。法王はそのころヨーロッパに行かれていて、インドに戻り次第まっすぐヒマラヤ奥地の旅行制限区域にいらっしゃって、カーラチャクラ灌頂《かんじょう》（注2）を執り行われることになっているという返事でした。そこで、わたしたちがカーラチャクラ灌頂《かんじょう》をいただくことはできるのかと尋ねると、誰でも参加できるが、その場所は旅行制限区域なので、旅行許可証を取るのはむずかしいだろうという話でした。もし許可が取れたら、法王はわたしたちの参加を許してくださるだろうかと尋ねると、問題ないとの返事でした」

　そう言って笑うチャイの青い目がキラキラ輝いていた。

「するとその翌日、秘書から呼ばれて、場所はカルパになると聞かされたのです。そういうわけで、彼から場所は教えてもらえたけれども、その一方で、たぶん旅行許可は取れないだろうと言われたのです。

でもそれがすべてを変えるきっかけになりました。わたしはカーラチャクラ灌頂《かんじょう》を受けたかったので、どんな障害も乗り越えて旅行許可を取ろうと決心しました。メアリーマーガレットもこれを聞いて喜び、旅行参加者は全員、法王の教えを受けたいと希望しているし、ヒマラヤでお会いしたいと思っていると言いました。

ラッセルとわたしは雪が解ける三月末まで待って、シムラに向かいました。道は開通していましたが、そこから先には行かせてもらえませんでした。そこから先は完全に交通が制限されていて、『ダメだ。行くことはならん。許可証はやれん。調査のために行くなどもってのほかだ』と言われました。旅行社はその地域の予約はできない、予約なしに行くしかないと言うのです。団体旅行客を予約なしに制限地域まで連れていくなんて無理です。それで法王が住んでいらっしゃるダラムサラのナング僧院の院主に会って、助力を求めました。院主は、『わかった。カルパ地区出身の僧がひとりおる。デヴ・ラジ・ネギというのだが、カルパで式の準備をすることになっておる。まずここに来ることになっておるので、あなた方のグループのお世話をするように申しつけよう』と言って、その通りにしてくださったのです。

わたしたちがちょうどダラムサラから車で出ようとしたときに、追いかけてくる人がいて、デヴ・ラジ・ネギが昨夜遅く到着したと知らせてくれました。わたしは運転手に待つように言うと、僧院まで走っていき、僧侶を起こして、五分しかないけれどもカルパに団体旅行客が行けるよう手配してほしいとお願いしました。すると、『そのことはもう聞いています。あなた方を手助けするように言われていますから』という返事でした。僧侶が到着したときに、院主からわたしたちのグループを手助けするように指示されたのだそうです。そういうわけで、僧侶は、『あなた方のグループのために何らかの宿泊施設を整えることをお約束します。約束は守ります。指示を受けているので、できるだけのことはします』と言ってくれました。

それを聞いて、この計画はうまくいくと思いました。その地域に関する情報はまったく入手できませんでしたが、デヴ・ラジとのコネができたので、すべてうまくいく自信がありました。しばらくすると、ヴァーラーナシー（ベナレス）にいるデヴ・ラジから手紙が来て、これからカルパに行くので団体旅行の詳細を送ってほしいとのことでした。そこでもしものことを考えて、情報をカルパとヴァーラーナシーの両方に送りました。わたしたちの滞在予定と何人分のベッドが必要かを知らせたのです。彼はちゃんと手紙を受け取ったそうですが、当時のわたしにはそれがわかりませんでした」

「それはいつごろのことなんですか」とわたしは訊いた。

「何カ月もたってからです。手紙を受け取ったのが六月の初めでした」

わたしは驚いた。「わたしたちは七月に出発予定だったんですよ。それでは間に合わなかったんじゃないですか」

「いえ、必ずしもそうではないんです」と彼女は答えた。

「デヴ・ラジならやってくれるとわかってました。わたしにできないことははっきりしてましたから。わたしが自分でそこに行って準備することはできなかったんですから、それ以外どうしようもなかったんです。デリーでは友だちのジャムヤンが特別許可証を入手する手配をしてくれていましたが、その彼女さえ、『許可証がうまく取れるといいけど』と言っているくらい、何事も予測不可能なんです。彼女には政府高官の友人や知人がいるので、彼女なら許可証を取れると思ってました。彼女の言うところによると、カーラチャクラ灌頂《かんじょう》の時期はインド政府は参加者のために短期間だが旅行制限を一時的に停止するのだそうです。カルパから先のラウ・スピチまでの旅行許可に関しては、やってみないとわからないということでした。最終的にはジャムヤンの力で許可証は取れたのですが、有効期限がカーラチャクラの初日から十日間しかなくて、わたしたちがカルパにいるあいだに期限が切れてしまいます」

「信じられないようなややこしさなんですね」とわたしは言った。

「ほんとうに、強い信念とたくさんの強力なコネのおかげです。ナング僧院の院主から指示された人がいなければ、カルパに泊まることは無理だったでしょう。なんといっても、院主は彼の師であり導師なんですものね。彼は死にもの狂いで指示されたことを実行したでしょうよ。わたしにはそれがわかっていたし、実際、彼はそうしたんです。もう死にもの狂いで努力してくれたんですよ。医師の宿舎をわたしたちの宿泊施設として用意してくれたんです」

そう言ってチャイは沈黙した。わたしは開いているバスの窓から暗くなった外を眺めた。山道を照らし出すバスのヘッドライトが、まるで二匹の巨大な発光虫が真夜中に餌を探して這い回っているように見える。バスはシムラに向かって急なつづら折れの山道をゆっくり登っていく。車内は話をする者もなく、静かだ。ギアのすり切れたバスがギーギー音を立てる中で相手の話を聞こうと努力して、みな疲れ切ってしまったのだ。ここの空気はひんやりとして吸っても大丈夫そうだ。バスの運転手と助手は目を凝らしてシムラの町の標識を探している。ありがたいことに、インドの流行歌を何時間も流しつづけてわたしたちを苦しめたテープレコーダーは今はもう静かだ。前の席に座っている人たちは、精神的にも肉体的にも我慢できなくなって、テープレコーダーと運転手を叩き壊してやりたいと何度も言っていた。

やがて運転手は両端が岩にはさまれた急降下の車寄せを巧みに運転して、煌々と照らされた大邸宅の前にバスを停め、メンツを回復した。チャイはホテルではなく王子《マハラジャ》の夏の別荘をわたしたちの宿泊施設として選んだのだ。運転手がバスのエンジンをきっかり午後九時十分に切ると、過熱した金属のパチパチはねる音が夜のしじまにこだました。わたしたちはやっと宿に到着できたことを喜んで、ホッとため息をついた。すぐに使用人たちがやってきて、大声で指示が飛び交い、荷物をバスから降ろす音が聞こえてきた。チャイはバスからさっさと降り立った。わたしはタマネギや豆の袋のあたりから離れると、ゆっくりとあとについて降りた。ジャスティンとメアリーマーガレットはすでに建物の中に入って、接客係と話している。わたしたちは華麗な装飾のある玄関ホールにどやどやと入っていって、あたりを眺め回した。

薄暗い壁にかけられた写真がわたしの興味を引いた。近づいてみると、大きな中国製の花瓶の上で若き日のタイロン・パワー（注3）が白い歯を見せてにっこり微笑んでいた。繊細な彫刻をほどこした木製の電話台の上では、クラーク・ゲイブルがセクシーでチャーミングな笑顔を見せている。ふたり組のコメディアン、アボットとコステロが曲線状の階段の下でふざけ合っているかと思うと、ジーン・ハーローが廊下のソファに物憂げに横たわっている。これらの写真にはどれも王子に対する感謝とお礼の言葉が書かれていた。遠い昔に華やかな生活を送っていた人たちの姿が、化学薬品による陰影と薄れたインクの中に今もこうして生きているのを思いがけず目にして、ちょっと落ち着かない感じがした。

薄暗い廊下の反対側からわたしの名前を呼ぶ声がして、わたしは物思いからさめた。まず部屋を見つけなくてはならない。わたしたち四人は二階の大きな寝室に集まった。わたしたちには馴染みのない贅沢にしつらえた部屋で、柱付きの巨大なベッドや長椅子のほかに繊細な彫刻をほどこした大きな洋服ダンスがあった。荷物を下ろすと、わたしたちはバスルームに駆け込み、それから食堂に直行した。

豪華な部屋の真ん中にいくつかの大きなテーブルが集められて白いテーブルクロスがかけられ、バイキング式の食事が用意されていた。真っ白のナプキンのあいだから覗く銀のナイフやフォークに天井のシャンデリアがキラキラと反射している。ふたをかぶせた料理の皿からもれるおいしそうな匂いを嗅いでいたら、給仕人たちが紅茶とチャパティを運んできた。チャパティはダールと呼ばれるレンズ豆のスープやご飯といっしょに食べるインドの平たいパンだ。みなはテーブルのまわりに集まって、フォークを手に目を輝かせながら料理を皿に取り分けている。わたしたちは皿を手に、壁に沿って並べられた椅子のところまで行って座った。皿にナイフやフォークがあたる音やそっと食べ物を噛む音、静かな話し声などが部屋に満ちた。膝の上に置いた皿やナプキン、ナイフやフォークなどを落とさないように気をつけながら、両手を器用に使ってご馳走をお腹いっぱい食べた。食事が終わるころには部屋割りもすんで、わたしたちは二階に引き上げた。

ノックする音が聞こえたのでドアを開けると、リーがナイトガウンを腕にかけ歯ブラシを片手に立っていた。インド旅行を通して、彼女はいつも爪にマニキュアを欠かさず、長い巻き毛の髪をきちんと整えていたので、どうやってそんなことができるのかとほかの者たちは不思議がったものだ。今ここに来たのは、もうひとりこの部屋に泊まれるかどうかを尋ねに来たのだ。「どうぞ」とわたしたちは一斉に返事をし、ベッドからマットレスを一枚はずして床に置くと、五人分の寝る場所をつくった。しばらくすると、ひんやりした夜の空気に静かな寝息が満ちていった。

（注１）インド北部、ヒマラヤ地方の高原避暑地。一九五九年、亡命中のダライ・ラマの永住地として当時のネルー首相がみずからダラムサラを選んで提供した。
（注２）最高奥義のタントリック・ヨガを実践する許可をチベット人にあたえる儀式で、四日間から六日間つづく。
（注３）若い人にはわからないと思うが、タイロン・パワー、クラーク・ゲイブル、アボットとコステロ、ジーン・ハーローはみな往年のハリウッドスターで、一九三十年代から六十年代にかけて活躍した。

14　シムラ――バーソロミューの再登場

　翌朝、わたしたちはおたがいをせかしながらバスルームを交替で使った。大勢の泊まり客が一度に来たので、王子の邸宅の水道管が反乱を起こしていた。水は、まるで目隠しされた軍隊の大演習のように、水道管の中を一斉に前進したり後退したりするので、水が勢いよく飛び出してびしょぬれになるかと思うと、石鹸だらけのままポタポタと水のしたたる水道栓の前にたたずむ羽目になった。階下ではメアリーマーガレットがこじんまりした静かな部屋をバーソロミューの集まりに選び、何人かが気持ちよさそうにソファに座っていた。早起きした人たちの中にはもう紅茶を飲んでいる者もいる。

　ジャスティンは座り心地の良い場所を見つけて床に座り、メアリーマーガレットはふかふかの椅子にゆったりと座っている。彼女が椅子に深く背をもたれて楽な姿勢を取ったころには、全員が部屋に入って静かになった。

「みなさん、おはようございます」とバーソロミューはオーストラリア人たちに笑顔を向けて挨拶した。

「全員の顔が揃ってうれしく思います。オーストラリアを出発する前に体の細胞の機能や、細胞がいかに覚醒を導いてくれるかということについて話しましたね（注4）。この話は日本でもしましたので、ここにいる人たちはみな同じように理解していると判断します。そこで、今少しのあいだ、自分の体を調べてみてください。体の中に緊張感が次第に増してきたのに気づきませんでしたか。これから数日のあいだ、体の細胞が送ってくるメッセージに気をつけていてください。これはとても大切なことです。

カーラチャクラの恩恵を最大限に得るためには、ダライ・ラマの法話を全部聞かなければならないと思っている人もいるでしょう。あなたの体はときに違うことを望むかもしれません。あなたの体は、散歩したり川辺で静かに休んだり、車で町までショッピングに出かけたいと思うかもしれません。ここにいるあいだに何をするかを頭《マインド》に決めさせると、あなたの体や魂の覚醒にとって破滅的な結果となります。ですからここではっきり言っておきますが、カルパでの唯一のルールは自分自身の内なる衝動に従うことです。これはあなたの魂の旅なのですから、自分がしたいように自由に行動してください。ここで何を達成すべきかということがあらかじめ決まっているわけではありません。達成するものは一人ひとり違います。どんなことにも抵抗せず、何事も起こるがままにしてください。みんなが同じことをすべきだというのは、意識に関しては不適当なアプローチです。これからの旅のあいだ、この前の集まりで話した宿題を実行することが大切です。ここでもう一度繰り返します。自分の体の細胞にできるだけ何度も『リラックスしてすべてを受け入れよう』とやさしく話しかけてください。それだけです。

あなた方が現在いるこの環境は、自分で気づいている以上に五感を激しく刺激しています。ほんの少しでも緊張を感じたら、ただちにもっとも深いレベルまでリラックスするようにしてください。自然の中に美を発見できると、リラックスしやすいでしょう。美しい物に意識を集中して、『リラックスしてすべてを受け入れよう』という意志をもってください。山や川や空、まわりの風景などに目を向けましょう。それらの中にあなたを力づけ癒してくれるものや静寂を見いだせるでしょう。今回の旅は、細胞の緊張を解く練習をして、それが呼吸と同じくらい自然な行為になるようにする絶好のチャンスです」

バーソロミューはそこで話をいったんやめてあたりを見回し、「何か質問がありませんか」と尋ねた。

エミーがすぐに手を挙げて、「わたしは体のどこかに不安というか落ち着きのなさを感じます。何だかわからないものが大きくなっていくような感じです」と言った。

「そうですね。これを現実的な面から見てみましょうか。ここにいる多くの人にとって、こんなに遠くまで来たのは生まれてはじめてのことですし、まったく見知らぬ土地に来て、これから軍の管轄下にある旅行制限区域に入るわけです。いろんな意味でこれは未知の領域です。カーラチャクラ灌頂《かんじょう》をいただくにあたっては、現代の精神世界の〈原子炉〉ともいえるダライ・ラマのそばまで行きます。ダライ・ラマのそばに行くだけでもすごいことですが、さらにこのすばらしい灌頂をいただくために何年も心身の修行をしてきた献身的な僧侶たちがそこにはいます。あなた方の言い方で言えば、これは〈どえらいこと〉なんです。どうしようもない不安や緊張感や重苦しさがわき起こってきたからといって、びっくりしないでください。それは当然のことです。それらすべてに気づいて、その上でリラックスしてください。

自分に必要なものは得られますから心配しないように。ここでどんな目標を達成すべきかと頭《マインド》で考えると、この旅の意味をなくしてしまいます。自分が覚醒する方法を頭《マインド》で考えてその通りに実行しようとすると、自分で自分の邪魔をする結果になります。これまでずっとあなたを導いてきた〝大いなるパワー〟にすべてをゆだねましょう。あなたがしなくてはいけないのはそれだけです。あなたは自分の力で人生を生きてきたと**勝手に思い込んでいる**だけです。カルパに行って、ダライ・ラマのそばに座るか、または雄大な山や川のそばに座って、あとは自然の流れにまかせてください。ここに来るまでの苦労を思い出してください。それもこれもみんなこの〈自然の流れ〉の一部なのです。

この旅行に参加した人の多くは、覚醒のための作戦計画を実行に移そうとしています。作戦計画というのは特定の目標を達成するための作戦ですが、この場合は悟りを得るためにヒマラヤに行くことです。こうした発想はあなた方の心に根強く染み込んでいます」

そう言ってバーソロミューは微笑んだ。

「ヒマラヤは神を見つける場所とされているので、そこへ行ったら、誰でも神を見つけられるはずです。そうですね？　ヒマラヤの洞窟では完全に悟りを開いた聖者たちが瞑想の日々を送っています」

バーソロミューは両手を大きく広げながらにっこり笑った。

「そのヒマラヤに**あなたは**今やってきました。それだけではなく、あなたは世界でもっとも偉大な精神的指導者のひとりに会うことになっています。ダライ・ラマは単に覚者というだけでなく、長い歴史をもつ精神的なパワーの直系を体現しています。カーラチャクラでダライ・ラマは、この古代から伝わりながらも常に新しい純粋意識を伝授する媒体となります。そういうわけで、あなた方の中に不安が生まれています。『ああ、どうしよう。これだけの条件に恵まれていながら、それでも覚醒が得られないとしたら、もう見込みはない。**自分で自分を窮地に陥れてしまった。**ここにはバーソロミューもいるし、仲間もいるし、ダライ・ラマもいて、おまけにヒマラヤだ。できなかったらどうしよう？』という不安です。

この点に関する怖れを過小評価しないでください。あなた方の多くは何にもまして悟りを得たいと望んでいますから、こうした怖れが生まれます。しかも怖れは今ここにありますから、無視しないでください。体の細胞に意識を戻して、リラックスし、静寂を求めてください。細胞に向かって、このエネルギーは感じてよいが、このエネルギーは感じるな、などと命令することはできません。細胞は、心の中の見えない電磁場のパターン通りに動くだけで、それに対してあなたはどうすることもできません。あなたにできるのは、人生のそれぞれの瞬間にできるだけ完全に意識を向けよう、できるだけ心を静めよう、できるだけリラックスしようと**決心する**ことだけです。それがあなたのするべきことです。覚醒を求めてください。そしてあとは神にまかせましょう。

そしてたとえ今回はまだ、あなたにとって完全なる覚醒を得る時期ではなくても、ここに来たことによって、体の細胞はすばらしい可能性を抱いて帰国することになります。その可能性は適当な時期が来たら実現されます。どんな行為も時間も無駄にはなりません。カーラチャクラに参加すると、電球のように頭から後光を放ち、胸からは暖房装置のようにポカポカと温かいエネルギーがあふれ出るはずだ、などと期待しないでください。何が起こるかは誰にもわかりません。下痢をしただけであとは何も変わらなかった、と感じるかもしれません。そんなことはどうでもいいことです。霊界の光源に指をつっこむために来たのではありません。あなたがここに来たのは、細胞が待ち望んでいるプラーナ（注5）を受け取って、それで細胞を満たしてやるためです。

ダライ・ラマの法話をあなたは全部理解できるでしょうか。とんでもないです。でも全部理解する必要はありません。法話の意味を理解しなければならないとあせると、頭が混乱するだけです。この儀式に参加するにあたっては、あふれるほどのエネルギーに満たされるのだと思って、ただ期待に胸をワクワクさせましょう。細胞がエネルギーにあふれてワンワンうなりだし、喜びにパチパチはじけます。そしてこれから一生のあいだ、ここで蓄積されたエネルギーが少しずつ適当な時期に外に出てきます。こうした自然のなりゆきに抵抗しないということが、あなたにできる唯一のことです。あなた方の多くはここに来るために精神的にも経済的にも実に大変な努力を払いましたね。完全覚醒を得なければこの旅行は失敗だと思っていると、自己犠牲のように感じられるこれまでの努力にまた余計なストレスを加えることになります。自分の人生に起こることをすべて自分で決めることはできないのですから、抵抗するのをやめて、自然に何ごとも起こるがままにさせましょう」

あらゆる怖れの奥にある怖れ

バーソロミューはそこで一息つくと、コップの水に手を伸ばした。水を一口飲んでから、わたしたちのほうを思いやりのこもった目で見つめると、「あなた方の気持ちはよくわかります。一方では、絶好の機会を逃すのではないかと怖れていますね」と言った。「またもう一方では、神など存在しないのではないか、またたとえ存在したとしても自分は神からあまりにも遠く離れてしまったので、もう神のもとに帰れないのではないか、という根元的な怖れを抱いています。人間が綿密に創り上げた、物質と思考の現象界があまりにも強大なので、神から分離したこの現実が永遠なのではないかとあなた方は考えています。でもそれはまったくの誤りです。そうとしかわたしには言えません。エゴが作り出したものに永遠のものはありません。あなたが神から分離しているというのはエゴが作り出した考えですから、真実ではありません。

カルパでは、こうした不安を感じたり、まわりで起こっていることのすばらしさに刺激されて気分が高揚したりと、両極端の感情を交互に感じるでしょう。つまらないことに自分の感情を投影させて、ほかの人はペットボトルを二本もらったのに自分は一本しかないと怒ったりするかもしれません。そうした些細なことにイライラしはじめたら、自分のことを笑ってみましょう。『ほらまた、くだらないことに感情を投影させてる』と。あなたがイライラしている対象は実に〈くだらない〉のですから。自分の中にある多くの怖れに直面するために未知の領域に飛び込もうと、みずから状況設定したことを思い出してください。明日あなた方は旅行制限区域に入りますが、そこは過去四十年間西洋人が足を踏み入れたことがない地域で、軍の検問所を何カ所か通過しなければなりません。当然あなた方は恐怖を感じるでしょう。恐怖を感じても、その恐怖にみずから入っていって前進してください。勇気を出して、完全に恐怖に身をゆだねてみましょう。そうしたらどうなるか、やってみてください」

バーソロミューは物思いに沈むかのように自分の手に目を落として言った。

「あらゆる怖れの根底にあるのは死の怖れです。死の怖れというのは、死んだら何もないのではないかという怖れを表しています」

彼は人差し指をわたしたちのほうに向けた。

「人はひとつの世界から別の世界へ移ることを怖れているわけではありません。人が怖れているのは、ひとつの世界を離れたら、その後は何もないのではないかということです。ここでわたしが大声で強調したいのは、この現象界がすべてではない、という真理です。あなた方は人間の意識の根底にある怖れ、つまり種の絶滅の恐怖から何とか逃れようとしているのです。そのことを思い出してください。〝永遠なるもの〟が死滅することはあり得ないのですから、安心してくださ い。永遠でないものだけが死滅します。

自分の不安が何なのかと追求したり、その原因を探したり、それを言葉で説明しようとしたりしないでください。こうした行為は単なる頭の体操にすぎず、不安から逃れるための暇つぶしにすぎません。人間は思考力を使ってこの世界の中にいくつも別の世界を創り上げたうえで、自分で創ったものから逃げようとしてきたことを、歴史が示しています。あらゆる瞬間に恐怖が潜んでいると思い込んで、それから逃げようとします。『**神はいるのか、いないのか。もし神がいるとしたら、わたしを愛してくれるだろうか。それともわたしがこれまで創造したものと同じようにわたしを批判するだろうか**』。みなさん、これこそが人間が抱いている根源的な怖れです」

バーソロミューはそこでいったん話をやめると、また静かに話しはじめた。

「どうかみなさん、力まずにそれぞれの瞬間に意識を向ける努力をしてください。自分の怖れをユーモアの精神をもって眺めてみましょう。自分の不安は自分で創りだしたのだと自覚して、自分の感情を人のせいにしないでください。自分の感情を外部の物や人に投影しないように努めましょう。人のせいにしている自分に気づいたら、自分の責任だと思い直し、そうした自分を笑いましょう」

そう言って、彼は後ろに寄りかかった。

「みなさん、できるだけたくさん笑いましょう。笑うと体がリラックスします。笑ってから次の瞬間に進みましょう。何か質問がありませんか」

部屋のあちこちでゴソゴソ体を動かす音がした。

シャロンが手を挙げてバーソロミューの注意を引くと、バーソロミューは彼女のほうを見てうれしそうに手を叩き、「お誕生日おめでとう。ワクワクすることがたくさん起きて、魂が無限に拡張し、すばらしいことがどんどん引き寄せられてくる年でありますように！」と情熱的な大きな声で言った。みなが歓声をあげたり拍手をしたり口笛を吹いたりしたので、シャロンは顔を真っ赤にしながらあわてて質問した。

「わたしは山道をバスで行くのがとっても怖いんですが、体の細胞に話しかける以外に、何かできることがありますか。怖くてどうしようもないので、どんなアドバイスでもお願いします」

「どんな恐怖にも役立つイメージ法があります」とバーソロミューは答えた。

「バスに乗ったら静かに座って、このわけのわからない恐怖をできるだけ強く感じてください。それからそれが体のどこにあってどんな形をしてどのくらいの大きさなのか、感覚的にとらえてみましょう。恐怖を丸ごとすべて感じるのです。その恐怖から逃げないでじっとしていると、やがてそれ以外にも何かあることに気づきます。恐怖はその〈何か〉の中で起きています。これをやってみてください。不安が一時的にしか消えなくても、また次の瞬間にそれを実行してみてください。そのうちに恐怖がだんだん減ってきます。

早く捨ててしまいたいようなつらい感情がある場合、それをなくしてしまおうとするのは時間の無駄です。なくそうとする代わりに、嫌な感情に意識を向けてください。感情にとらわれてそこから身動きできなくなったときにできることはただひとつ、逃れようとして逃れられないものを**完全に体験しようと決心する**ことです。その感情をあるがままに見つめ、それを感じようとする意志が解放をもたらします。

自分が**何を**感じているのかと頭で分析するのをやめましょう。拡張から収縮へ、笑顔から仏頂面へ、良いことから悪いことへ、幸せから悲しみへと移行する喜びもあることを知ってください。いのちの**流れ**やいのちの**動き**を感じましょう。何事も一瞬として同じでない、この興味のつきない人生模様を充分に感じつくしましょう。ひとつの地点にとどまるのは望ましくありません。楽しいことだって、時間がたつとつまらなくなります。**いのちの流れに抵抗しないでください**。そうすると、生まれたり消えたりする両極端の物を包み込んでいる、**もっと大きなもの**が見えてきます」

ロバータが咳払いをしたので、バーソロミューは彼女のほうを見た。

「わたしは今までずっと強い怖れを感じながら生きてきました」

「そうですね」と彼はロバータの言葉に対して答えた。

「残念なことですが、世界的なスケールで怖れが増大しています。その結果、あなたの心が開いて拡張するにしたがって、増大した怖れの真っ直中に突入することになります」

「怖れが増大しているとしたら、愛も増大していますか」とロバータが訊いた。

「いいえ、愛は一定です」とバーソロミューは答えた。

「この惑星は完全に愛で満たされています。すべてまったく完全に、です。地球は愛と光をまったく完全に体現した物ですから、**これ以上、愛を取り入れることはできません**。これが地球の真実の姿です。質問の意味が、これまで以上に大勢の人たちがこの愛を感じはじめているか、ということでしたら、『はい』と答えましょう。愛そのものは増えたり減ったりしませんが、人がそれを感じるかどうかは増減します。その結果、おもしろい可能性が生まれます。多くの人たちが怖れをますます感じて耐えがたいと思うようになるにつれ、心の中に答えがあるのではないかと気づく人もそれだけ増えてきました。怖れから解放される唯一の道は心の中に入っていくことだと。ゆくゆくは、唯一の逃げ道は自分の中に入っていくことだと誰もが気づくようになるでしょう。頭《マインド》で分析しても怖れから逃れられませんし、人を責めても何にもなりません。あなたにできることはただひとつ、永遠に存在する愛の大海原に抱かれることだけです。その瞬間、魚が今まで自分は海の中を泳いでいたのだと気づくのと同じように、あなたも気づきます。海は増えませんが、**海の中に自分はいる**のだという魚の気づきが増大します」

「怒りも増えていますか」とリーが質問した。

バーソロミューは彼女のほうを向いた。

「怖れは常に怒りを生みます。怖れが増えると、怒りや暴力も増えます。ここにいる魅力的なロバータは人間のさまざまな感情を経験しましたが、意識が眠っているわけではけっしてありません。その彼女が自分の中にあるエネルギーにどう対処していいかわからないと言っているのです。心の闇を見つめて、それを変えたいと意識的に努力している**あなた方でさえも**困難を感じるのであれば、そうしたことにまったく気づいていない人たちがどう感じるかは想像できるでしょう。彼らにわかるのは、自分の中には怒りが荒れ狂っているという事実だけです。怒りの原因が自分にあることにはまったく気づいていないので、怒りがどこから生まれたのか、どんな怒りなのか、どうすればよいのか、まったくわかりません。彼らには真理が見えず、非常に苦しんでいます。怒りの原因がすべて自分以外のものにあると思い込み、それに対して自分は何もできないと感じています。そこで自分を苦しめる原因だと思える物を破壊しようとするわけです」

「ということは、怒りがわたしたちを愛に向かわせているとも考えられますか」とリーが訊いた。

「まったくその通り。すばらしい考えですね。あらゆるものがあなた方を愛または覚醒に導いています。あなたに起こる出来事にはすべて理由があります。もっともその理由は頭《マインド》で考えてもわからないことが多いですが。人生で起こることはすべて覚醒の役に立ちます。変化が激しく危険を含むこともありますか。はい、もちろん。同時に、ワクワクすることでもあります」

飲んでいた紅茶を下に置くと、クレアが「痛みと怖れは同じものですか」と訊いた。「いいえ」とバーソロミューは返事をした。

「怖れは体で感じた想念です。体はそれに反応して収縮します。この収縮を人は痛みと感じます」

ジュディスが膝を抱え込み、その上に顎を乗せたまま、静かな声で質問した。

「わたしは地震が怖いのですが、それもわたしの中にあるのですか」

バーソロミューは彼女を真正面から見つめて、「はい」と答えた。

「もし地震が外界で起きたとしても、それは二次的な出来事です。人は天災の可能性に関する情報をあたえられていて、地震や津波などの大災害が起こるかもしれないと知っています。災害がほんとうに起こるかもしれないと信じて自分にできる対策を取る人たちは、その地域から引っ越すか、そこにいて災害の可能性を受け入れます。けれども不安にとりつかれたまま、不安を取り除くこともできなければ、災害の可能性を受け入れることもできないとなれば、それ以外の不安要因があるとみなしたほうがよいでしょう。外界の地震の恐怖が心の中にある恐怖を呼び起こしたのかもしれないので、自分の感情を見つめる必要があります。それが直接的で激しい不安なら、その不安は自分の心の地震、つまり心の大惨事に対する不安です。この違いがわかりますか」とバーソロミューはジュディスに訊いた。

「地震は起きるかもしれないし起きないかもしれません。問題なのはそれに対するあなたの**反応**です。あなたの体も心《マインド》も不安にふるえているとしたら、それはむしろあなた自身に関する問題です。外の世界で地震が起きるかどうかはわかりません。けれども自分がしょっちゅう地震の心配をしているとわかったら、自分の生活を根底からひっくり返してしまうようなことが起きるのではないか、という別の不安があるかどうか探してみてください」

バーソロミューは上体を起こすと、「では、これ以上みなさんの時間を取るのはやめましょう」と笑いながら言った。

「これから待ちに待った買い物の時間です。大切なお土産を買うことに比べたら、わたしのような宇宙からの客はどうでもいいことです。明日また、次の冒険に出かける前にみなさんとお会いしたいと思いますので、時間を決めましょう。ではそのときまで」

リラックスして楽しもう

みなそれぞれ出かけていった。シムラの町が呼んでいた。インドではじめての自由時間とあって、誰もチャンスを逃したくなかった。町は歩いて行ける距離にあったが、道は急な坂道だった。両脇には背の高い樹木が生え、下草が密生していて、ひんやりと湿った空気に樹木の甘い香りが混じっていた。わたしたちが樹木の影を出たり入ったりしながら坂道を降りていくと、コンクリートの家々の錆びたトタン屋根の上で猿がキャッキャッと騒ぎ立てた。坂道を上ってくる人たちの中には、わたしたちを見てにっこり微笑む人もいれば、しかめっ面をしたり、気づかぬふりをする人もいる。なかにはかすかなイギリス訛りで「グッド・モーニング」と挨拶してくれる人もいた。太陽を背に坂道を降りていくわたしたちの横で、派手なペンキを塗った家屋がとぎれとぎれに樹木のあいだから朝日を受けて燃えるように輝いた。

シムラの町では車の乗り入れが禁止されているが、それも道理だとすぐにわかった。まるで町全体が山から落ちてきたような格好だ。狭い道の両脇には店がずらりと並び、二階建てや三階建ての建物がおたがいを支え合うようにぎっしりと建っている。何軒かごとに建物と建物のあいだに隙間があって、ほぼ垂直に見える石段が上の階へとつづいている。

わたしたちは仲間とここかしこで鉢合わせした。傘屋では五人がばったり顔を合わせたが、ヒマラヤでは雨が降ると警告されていたので、みな真剣に傘を吟味した。少し先にはチベット民芸品店があって、店内ではローレルとロバータが狭いカウンターの前で先を争って商品を見ようとしていた。ジュディスが美しい珊瑚のネックレスをちょうど買ったばかりだった。ラリーが洋服の山に埋もれて、純毛のベストを品定めしている横で、リンがチベット産の美しい装飾品を前に買おうかどうしようかと迷っていた。小さな店では悪気はなくてもつい押し合いへし合いになってしまう。わたしたちはみな、チベット難民の家計の足しにと熱心に買い物をした。ダライ・ラマの写真が天井近くに飾ってあったので、キャロリンが店の若い女の子にダライ・ラマについて話しかけると、ダライ・ラマがなんと昨日カルパに行く途中、この店に立ち寄られたという話だった。わたしたちのグループがカーラチャクラに参加すると聞いて、チベットの人たちは感心していた。

わたしたちは道ばたの小さな店をあちこちのぞいていった。インド料理のおいしそうな匂いが漂ってくる。建物の並びがとぎれて、その先は登り坂だった。次の通りまで行ったら、わたしはもう息切れがしてハアハア言っていた。するとそこにバーバラとパトリシアがいて、色鮮やかな裏表両用のショールをあれこれあててみては、どれにしようかと迷っているところだった。銀行の近くに行くと、また別のグループがいて、ドルをルピーに交換するにはどの方法が有利か議論していた。そのときメアリーマーガレットが洋品店から飛び出してきたが、ハンサムでしつこい店員の手からやっと逃れたところだった。わたしたちはジョージをあちこちで見かけたが、そのたびに彼は新しい民族衣装や装飾品に埋もれていくように見えた。買い物を終えたわたしたちが山道を登って帰途についたころには、町は朝よりもかなり裕福になっていたが、わたしたちも同じように豊かになっていた。

予期せぬ人のうれしい訪問

昼寝の余韻を体に残したまま階段を下りてくると、チャイが玄関から息せき切って入ってきた。青い瞳を輝かし、顔中ニコニコしている。

「あの方がいらっしゃるんです！　今晩いらっしゃるんですよ」と彼女は興奮した声で言った。わたしもつられていっしょに大喜びした。

「それはすばらしいですね。ところでどなたがいらっしゃるんですか？」

「ネーチュン（注6）ですよ。クテン・ラ（訳注：チベット語で「霊媒様」という意味）です」と言って彼女は手を叩いた。

「すばらしいですね」とわたしは繰り返した。「で、それ、どういう人なんですか？」

彼女はわたしのところまで来ると、喜びではち切れそうな顔をして、「チベット国家の神託師です」と叫んだ。

わたしはびっくりした。「ここに？　ここにいらっしゃるんですか？」

「そうなんです。六時にここに来てわたしたちと会ってくださるんです。夕食もごいっしょしてくださるかもしれません」

わたしは腕時計を見た。四時半だ。

「これ、珍しいことなんでしょう？　国家の神託師が立ち寄ってくださるなんて、いつもあることじゃないんでしょう？」

わたしはチャイの目を見つめながらこの不思議な巡り合わせについて考えた。

チャイはウッフッフと笑ってから、「ええ、そうなんです。とっても珍しいことです。でも、今日の午後はとにかく不思議なことだらけだったんですよ」と言った。

わたしは彼女の腕をつかんで、居間のほうへ引っ張っていくと、「まぁとにかくここに座って。そしてはじめから順序よく話してみてくださいな」と言った。

彼女はふかふかのクッションがついている椅子に足を組んでゆったり座ると、「ほんとに不思議なんですよ」と話しはじめた。

「だって、わたし、あの方をみんなに紹介できたらいいなって密かに思っていたんですから。ダライ・ラマよりもむしろ**あの方を**、って思ってたくらいです」

わたしはびっくりして彼女を見つめると、「どうしてなんですか？」と訊いた。

「あの方ととても強いつながりを感じるからです」と彼女は答えた。「あの方はバーソロミューと同じ役目を担っていらっしゃるんですね。それにあの方は時間がおありだし、完全に今この瞬間に生きていらっしゃいます。それにひきかえ、法王は超多忙の日程をこなしていらして、たとえ会えるとしても非常に限られた時間内で、とても個人的なつながりを感じられるような余裕はありません。

わたしとラッセルがダラムサラに行ったとき、ネーチュンにお会いしたんです。カーラチャクラにいらっしゃるのかどうかと尋ねたら、早めに行って三日間会場を祓い清める予定だということでした。そしたら今日、道ばたでお見かけしたのです！」

彼女は思いがけない出会いにびっくりしたという顔でわたしを見た。

「そんなふうにして出会えるなんて、信じられないことでした。わたしたちはバスのそばで、荷物を運んできたポーターたちと口論しているところでした。コックのジュンパとネイマが支払いの件でポーターと言い争っていました。ポーターは見え透いたウソをついてお金を余計に取ろうとしてたんですよ。わたしはもう疲れてしまって、ラッセルがいてくれたら、と思っていました。ひどく気分が滅入って、とにかくその場を一刻も早く立ち去って、横になりたいと思ってたんです。そのとき、視界の端に、そうですね、十五メートルくらい離れていたかしら、チラッとえんじ色の僧衣が見えました。直感であの方だ！とわかりました。クテン・ラだ、と独り言をつぶやくと、それだけで体にエネルギーがワッと充満するのが感じられました。わたしはもう疲れも吹っ飛んで、みんなに向かって、『さあ、行きますよ。バスに乗って。さあ、行きましょう！』と叫んでいました」

チャイがポーターとコックをせかせてバスに乗せているところを想像して、ふたりとも笑った。

「ネイマとジュンパにはポーターのことはもう心配するなと言いました」と彼女は言った。「運転手に今すぐ出発だと言うと、運転手はバスに乗り込んでエンジンをかけました。ポーターたちはまだ口論していましたが、振り向いてバスに飛び乗ると、バスの中でもまだ口論をつづけてました。バスの中は野菜だらけで身動きすらできない状態で、わたしは窓に寄りかかって外を見ていました。ネーチュンがちょうどその付近に立っていらして、わたしの顔を見ると手を振られましたので、わたしも手を振って、『停めて。バスを停めて！』と叫びました。

わたしはバスの扉を開けると、あの方を引っ張り込み、タマネギの袋や口論しているポーターたちを押しのけて席をつくると、座っていただきました。ネーチュンはそのあいだずっと笑っていらっしゃいました。誰が入ってきたのかという情報がそこにいる人たちのあいだにさっと流れると、ポーターたちはたちまち口論をやめ、みんなも話をやめて静かになりました。ネーチュンと僧院から来たふたりの僧侶以外は、誰ひとり口をきく者はいませんでした。クテン・ラはカーラチャクラには行かないということでした。もうするべきことはしたので、ダラムサラに帰るのだが、少し時間に余裕があるので、みなさんに会おうと言ってくださったのです。こういうわけです」とチャイは目を輝かせて言った。

「わたしに言わせれば、これは奇跡中の奇跡です。さてと」と椅子から飛び降りて、「いらっしゃるまでにすることがたくさんあるわ」と言った。

別れ際にチャイはわたしに向かって、「忘れないでくださいね!」と叫んだ。

まさか、忘れたりするはずないでしょ、とつぶやくと、わたしはほかの人にニュースを伝えてまわった。


その夜、少人数のグループが居間に集まった。きっかり六時に神託師とふたりの若い僧侶がチャイとラッセルに案内されて入ってきた。神託師はこぼれるような笑みを見せながら合掌したままお辞儀をして、腰を下ろした。わたしたちもお辞儀を返しながら、つられて笑顔になった。神託師は若々しいエネルギーを発散していたが、同時に、静かなパワーも感じられた。

クテン・ラは十四歳のときにネーチュン僧院に入り、三十歳のときにお告げで十四代目のネーチュン神託師に選ばれたそうだ。ダライ・ラマにアドバイスを授けはじめてもう五年になる。通訳を通して、仏教徒の悟りへの道筋を説明してくれたが、彼のまわりには幸福安寧の雰囲気がずっとただよっていた。瞑想やその他の修行に関する質問に答えるときの身振りも優雅で、声も感じが良かった。わたしはいつの間にか話の内容はそっちのけで、彼の存在がかもしだすパワフルなエネルギーの中にうっとりと浸っていた。

突然、後ろでざわつく感じがしたので、まわりを見ると、不安そうな顔や不機嫌な顔がいくつか見えた。そこでクテン・ラの話にまじめに耳を傾けてみると、カーラチャクラの儀式について説明した後でわたしたちのほうに身を乗り出し、「カーラチャクラ灌頂《かんじょう》に参加する者には大きな障害が控えている」と強い語調で言って、わたしたちをじっと見つめた。部屋はしんと静まり返った。

やがて彼はワッハッハと笑い出すと、今度は楽な姿勢になって、「あなた方は遠いところから苦労してここまでいらしたが、これから障害にぶつかるであろう」と繰り返した。

「しかしあきらめずにがんばると、やがて目的地に着ける」

それで話は終わり、わたしたちは二階に戻って夕食に出る支度をした。キャロリンがまだ物思いに沈んでいる風情だったので、どうしたのかと尋ねた。

「悟りを開くために仏教徒がしなくてはならない手順を説明してくださったけど、まるでキリスト教と同じじゃないの」と言ってため息をついた。

「あなた自身はどう思うの？」とわたしは訊いた。

彼女は一瞬ためらうと、「夕食を食べたほうがいいと思うわ」と返事した。

それがいい、とわたしも思った。でも、ご飯にレンズ豆のスープの献立にはうんざりだ。

数時間後、わたしたち五人は部屋に戻ると、ベッドをあちこち動かして人数分の寝場所をつくった。明日は、バーソロミューの話のあと、カルパへ向けて出発だ。今日はあちこち動き回ったので、みなすっかり疲れていた。

（注４）メアリーマーガレットとジャスティンは日本でわたしたちと合流する前に、オーストラリアでワークショップを開催したが、インド旅行に参加したオーストラリア人のほとんどがこのワークショップに参加していた。

（注５）ヒンズー語で「生命エネルギー」という意味。

（注６）ネーチュンとはチベットに仏教が広まる以前から存在していた鬼神の首領の霊で、僧侶の体に乗り移って神託を授けると信じられている。偉大なるダライ・ラマ五世の治世にネーチュンが正式の神託として選ばれ、以来、重要な政治問題の相談に預かっている。神託師は八世紀の聖者パドマサンバーヴァ導師によって仏教の教えを保護する義務を負わされた。ジェイン・パーキンズ著『亡命のチベット』（一九九一年、クロニクルブックス刊／邦訳未刊）より

15　シムラからカルパへ
――意識のピラミッドと規律に関する議論

翌朝早く、わたしたちは居間に集まった。荷造りも終わって出発の準備はできていた。外では芝生が朝露に太陽を受けてきらめき、すがすがしい朝の空気はかぐわしい香りをただよわせている。空は青く晴れ渡って上天気だ。どこから見ても旅行には絶好の日和だった。メアリーマーガレットがマイクを調節しはじめると、みなは静かになった。やがて彼女は背を後ろにもたせかけると、目を閉じた。

「ではみなさん、今日の話題に入る前に何か質問がありますか」とバーソロミューがきびきびした口調ではじめた。

エレンがそれに早速応えて、「質問があります」と言った。

「ワークショップで何回もこのことについて話されたのはわかっていますが、〈神を探す人〉から〈神を見つける人〉にどうやって変わるかという点について、少し話していただけませんか」

「わかりました。その質問はいつでも歓迎です」とバーソロミューは答えると、椅子の背にぐっと寄りかかった。

「探す人から見つける人に変わるには、探すのをやめて、自分がこれまで探してきたものはすでに完全に今ここにあると認めなくてはなりません。探すことも見つけることも、その**概念**はあなた方が今まで教え込まれてきたことに根ざしています。何世紀にもわたって、求道者たちは神が自分とは別の存在であると信じて、神との距離をなくす方法を見つけることに全人生をついやしてきました。

主な宗教といわれるものはどれも、信仰生活の初歩から最終段階までのすべてをカバーできなければなりません。精神の闇からやっと抜け出しかけている人も救えなくてはならないし、同時に、精神がかなり解放されて、心が軽くなり自由を感じている人たちの助けになる教えでもなければなりません。そして最後には信仰者に〈道なき道〉を示す教えでもなければなりません。信仰者を一挙に完全覚醒へ導いてくれるような宗教や教えはあまりありません。

そういうわけで、何世紀ものあいだに、異なる意識レベルに対して異なった宗教指導をするという考え方が発展してきました。一番下のレベルは、安心を得るために宗教を求めている初歩の〈神を探す人〉にふさわしい教えです。ほとんどの人は怖れから逃れるために信仰に飛び込むので、宗教上の規範を歓迎します。心の平安を得るためにはこのように呼吸せよ、愛を見つけるにはこの食べ物だけを食べよ、神を見つけるにはこの祈りを唱えよという具合です。この結果、上に進めば進むほど、心が純粋になり考えが明快になっていくという〈スピリチュアル意識のピラミッド〉が形成されます。

宗教規範の多くは実際の体験にもとづいて作られたもので、そのアドバイスは役に立ちます。たとえば、食べ物の中には体内でつかえて人の体を重くする（太らせるのではなく）のもあれば、体を軽くしたり光を取り入れやすくする食べ物もあります。動物の死肉と生きたレタスとを比較すれば、肉よりもレタスのほうに生命エネルギーが宿っていることは科学者でなくてもわかります。そうは言いましたが、一方で、この意識のピラミッドの頂点には、自分の体内に光源をそなえていて、何を食べても平気な人もいます。その人たちにとっては何を食べたかは問題ではありません。なぜなら、最終的には食べる者と食べられる物とのあいだにバランスが働いていることを彼らは理解しているからです。彼らにとって肉体は重要ではありません。食べ物についてその人が**どう考えるか**が非常に重要なのです。

自分のこれまでの求道の過程を振り返ってみると、規則や規範が大切だった時期もあったことがわかるでしょう。実際、規範に従った結果、何らかの進歩が感じられ、おかげでつづけられたという経験もあったのではないでしょうか。心がだんだん軽くなって不安が少なくなり、体も健康になってきたのは、規則や規範に従ったせいだと考えたのではないですか。ところが人生に何らかの出来事が起きて、ただ規則に従っているだけではダメだと考えるときがやってきます。

規範というのは、誰かほかの人間が有効だと考えたことをもとに作られています。しかし信仰生活をつづけていくうちに、いずれ人はそれよりも深い次元に移行していきます。さまざまなエネルギーを体験するうちに、規範とは何の関係もないエネルギーがあることを発見した人もいるでしょう。また、麻薬に手をつけて、〈変性意識〉の現実を体験した人もいるかもしれません。これが規則の成果でないことは明らかです。こうした異なった体験をするうちに、究極の**現実**を知りたいと願うようになり、その結果を怖れなくなります。このような強い願望を抱くようになると、いつまでも待つのがもどかしくなり、宗教上の規則や規範に疑問をもちはじめて、神の愛や内なる光を**直接**感じたいと望みます。宗教的規範に根ざした信仰体系にとどまっていると、自分が求める意識状態は永遠に得られないのではないかと不安になります。これまで規範に従ってきたのに、自分が求めている意識状態にはなれなかったからです。

ちょうど馬糞だらけの馬小屋で満面に笑みを浮かべながら馬糞を片づけている少年のようなものです。『何がそんなにうれしいんだ?』と友だちに訊かれると、『こんなに馬糞があるんだぜ。どこかに小馬がいるはずだろ』と少年は答えます。小馬がどこにいるか、小馬とは何なのかはわからないけれども、小馬がそこにいた結果が見えます。人は一瞬ではあっても幸福感や深い気づきを体験すると、あきらめずに前に進むことができます。これまでとは違った理由で信仰を求めるようになり、その結果、霊的に成長します。あなたはもはや何かに自分を支えてもらおうとしている子どもではありません。あなたは自分の足で立って、このエネルギーにみずから向かうことができます。

これは以前とはまったく異なる心境です。今や、あなたは自分に正直に向き合わなくてはなりません。あなたが覚醒を求める動機は何なのか。自分がいかにすばらしい人間かを自分やまわりの人間に示してエゴを満足させようという動機ではいけません。また、自分やまわりの人たちの苦しみを終わらせたいとか、世界の問題を解決したいという理由でもダメです。まわりに不幸な人たちがたくさんいるので助けてあげたいと思っても、あなた自身が不幸だったら助けることはできません。自分自身が持っていないものを人にやることはできません。孤独で無知で、頭が混乱して、自分の人生で一体何が起こっているかが理解できない、こういう状態はもううんざりだ、とあなたが心のどこかで感じていることは確かです。けれどももっと心の奥を見つめてください。神を探す人から神を見つける人に変わるには、あなたの動機が何なのか、という点が何よりも大切です。いのちの贈り物をくださった創造主を愛する喜びのためだけに神を愛さなくてはなりません。その結果、どんな効果が得られるか、または何をしてもらえるかという理由ではいけません」

分離した自分は本当に存在するのか

バーソロミューはそこでいったん話をやめて、あたりを見回すと、「ここにいる人たちのほとんどは昨夜チベット国家の神託師の話を聞きましたね」と言った。

「あなた方の質問に答えているときのネーチュンは教師としての面を体現していました。けれども彼にはそれをはるかに越えた広大な部分を体現する能力があり、時と場合によっては、〃聖なるパワー〃そのものになります。神託師としての冠をかぶったときのネーチュンは、もはやあなた方が昨夜会った感じのいいおじさんではありません。普通の人だったら首の骨が折れてしまうくらい重い冠をかぶって、肉体や小さな自己の限界を超越した存在になります。異なる現実界のあいだを自由自在に移動することができ、目に見える世界と見えない世界のあいだを行ったり来たりできます。彼は有限の自己に縛られていません。このように自由自在に動けることを〈自由〉と呼ぶのです。

あなた方は、自分は過去からとぎれることなく継続しているひとりの人間であり、目に見えるもの、聞こえるもの、触れられるもの、考えられるものだけしか体験できないと思い込んでいますが、そうではありません。**まったく違います！**

あなたが自分の〃本質〃に目覚めようと決心すると、道が道なき道に変わります。どんな規則やガイドラインもあなたがどうすれば目覚めることができるかを教えてはくれません。あなたにできることはただひとつ、今この瞬間に意識を置いて、自分の中に**常に**存在する神秘的な〝真我〟に気づくことです。意識を常に現在の瞬間に置いて、この瞬間をあるがままに観察していると、過去からとぎれることなく存在しつづける**分離した**〈自分〉というものはないのだという真理に気づきます。そこには物ではない何か広大無辺なもの、無とも呼ぶべきものが存在し、その中でさまざまな体験が生まれたり消えたりしています。さらに観察をつづけると、どんなに一生懸命に探しても、この〝真我〟とは分離した〈自分〉というものが見つけられないことに気づきます。なぜでしょうか。それは、**別個に分離した小さな〈自分〉というものなど存在しないから**です。

あなたの中には神のもとへ帰りたがっている〝真我〟の部分が存在しますが、それは別個の分離した形を持ってはいません」

バーソロミューはわたしたちがよく理解できないでいるのを見ながら、つづけた。

「頭が混乱していますか。よろしい。頭《マインド》が言葉を理解できないんですね。そのままにしておきましょう。自分とは本当は誰なのかを知るためには、『別個の分離した自分（〝me〟）というものが実際に存在するのだろうか』という疑問を抱くことが肝心です。そこから生まれる基本的な疑問を自分に問いつづけてください。

この〝わたし〟と呼ばれるものは誰なのだろう？　誰がこの肉体を持っているのか。誰が腹をすかせているのか。誰が怖がっているのか。誰がいい気持ちなのか。

大事な質問は、いつも、『**この〝わたし〟とは誰なのか**』ということです。心の奥深くにある〝源《みなもと》〟、〈自分〉（〝me〟）という概念のすべてが生まれる〝源〟を探しつづけてください」


メアリーマーガレットがまた一口水を飲み、バーソロミューは静かに話をつづけた。

「あなたが生まれる前も、生まれた瞬間も、生まれてからも、あなたの意識は目覚めていました。七歳になっても、二十七歳になっても、八十七歳になっても、この神秘的な意識というか、見たり感じたり考えたりするこの何かは、あなたの中で存在しつづけます。果てしない変化を体験しながらも常に変わりません。

老人に『あなたは変わりましたか』と質問すると、『いや、体や考えは変わったかもしれんが、わたし自身は変わっておらんよ』という返事が返ってきます。別の言い方をすると、朝起きて、『自分はまだここにいるのだろうか』と疑問に思う人はいません。夜何時間か眠って、そのあいだどこか知らない世界に行ったかもしれませんが、昨夜寝床に入った人間と自分は同じだろうかと疑問に思う人はいませんね。なぜでしょうか。それは、寝る前に感じたのと基本的に同じ自分の意識を朝にも感じることができるからです。あなたが探しているのは、その**基本的な感覚**であり、その**意識**なのです」

バーソロミューはそう言って後ろに寄りかかると、ため息をついた。

「わかりますか」と尋ねて、あたりを見回した。

「自分の意識の中で起きていることを細かく観察すると、肉体的な快楽や苦痛、感情の高揚や激しい苦悩を体験している最中であっても、自分の中にそれら全部を**ジッと見ている部分**があることに気づきます。あらゆる変化はこのジッと見ている意識の中で起こります。悲しみ、怒り、罪悪感、怖れ、喜びなどのどれを体験しているにしても、問題は、生まれたり消えたりする感情を**全部**包み込んでいる不変の〝大いなる自己〟とは誰のことで何なのか、という点です。

残念ですが、言葉ではこれ以上説明できません。わたしが話していることを感覚的にとらえてもらうしかありません。けれども単なる言葉だった概念が直感的に理解できるようになるまで、言葉を使って説明するしかありません」

そこで大きく息を吸うと、彼は話しつづけた。

「あなたが自分の名前で呼び、自分だと思っている小さな〈あなた〉がいますが、**それは本当のあなたではありません**。あなたは勘違いしています。永遠に変わらない永続的なあなたというのは、**それとは別のもの**です。感情は生まれたり消えたりしますし、この小さな〈あなた〉の身の上にさまざまな出来事が起きますが、あなたは自分というものの本質がちゃんとそこにあるかどうかはけっして疑いません。なぜならそれは常にあるからです。

結局、最終的にわたしがあなた方にあげられる唯一の贈り物は、この点に関する理解です。そのことを考えるとワクワクしてきます」と言って彼は微笑んだ。

「わたしたちが話す言葉や概念は生まれたり消えたりする有限の物にすぎません。わたしにできることはただひとつ、道を示すことだけです。言葉や概念はどんなにすばらしくても、〈あなたが求めているもの〉ではありません。形ある物は〈**何か**〉の中で生まれたり消えたりします。あなたはこの〈何か〉に気づいていませんか。たえず変化しつづけるあなたの人生ドラマも〈あなたが求めているもの〉ではありません。変化することができるものは〈あなたが求めているもの〉ではありません。〈あなたが求めているもの〉はあまりにすぐ近くにあって、いつもそこにあり、あまりに広大無辺なので、あなたはつい見過ごしてしまうのです。繰り返します。広大なる〝真我〟または〝神なる自己〟または〝大いなる光〟があまりにもすぐ近くにいつもあるので、**人はつい見過ごしてしまいます**。

人はこれまでいつも自分の中にあったものを見つけようと、自分以外のところを探し回っています。当たり前すぎて気がつかないのです。それに気づく代わりに、たえず変化するまわりの世界の出来事に気をとられています。有形の物をつかまえては、『これこそがわたしだ。いや、あれこそがわたしだ』と言います。こうした人生ゲームを何度繰り返してもかまいませんが、あなたの本質はそれらの人生に一貫して変わらずに存在しつづけます。神を見つけるのが**あまりにも簡単なので**、人は神を見つけられません」

バーソロミューは前かがみになると、メアリーマーガレットの膝に肘をついて、「誰が見るのか」と訊いた。

「一日中、その問いを発しつづけてください。誰が聞くのか。そう問いつづけてください。誰が呼吸するのか。質問をストレートに受け止めてください。それは**純粋な意識**です。この純粋な意識はその中でほかのものが生まれたり消えたりしていることにすべて気づいています。それこそがあなたが探しているものです。この純粋な意識こそが、あなた方に充分に体験してほしいものです。**これこそ**が、あなたが自分だと思っているものの中に見つかるものです」

彼はそこでしばらく黙っていた。

「あなたが何の努力もせず自然にゆったりと〝大いなる光〟の中でくつろぐときに、それが見つかります。その後も、あなたは今まで通り、見たり聞いたり呼吸したりして人生を生きていきます。今までと同じですが、同時に、あらゆる意味でまったく違っています。

ですから、神を探す人から見つける人に変わらなければならないというのは、ほかを探すのをやめて、自分が探しているものはすでに完全にここにあるのだと認めてください、ということです。自分以外のところを探すかぎり、失敗します。あらゆる瞬間に意識を置いて、メサの岩山にとまっている鷹のように、油断せずにすべてに注意を払っていると、あなたがこれまで長いあいだ探してきたものが自然と姿を現しはじめます。

あなたの頭《マインド》はわたしが今言ったことを信じようとしません。でもそれ以外にあなたに何ができるというのでしょうか。あと何冊本を読めばいいのでしょうか。あと何回苦行を積めばいいのでしょうか。苦行は初歩の段階では非常に役立ちますが、上級者には何の役にも立ちません。苦行は、求めるものは未来にしかないと教え、さらに、神を見つけるには現在の自分とは違う人間にならなければならないと教えるからです。それはまったくのナンセンスです。神が自分自身を知らないなどあり得るでしょうか。

ではどうしたらいいのでしょうか」と言って彼は微笑んだ。

「ここでまた繰り返すのも悪くないでしょう。ただ自分の人生で起きていることに気づいていてください。今まで通りするべきことをしてください。そして今朝ここで話したことを忘れないでください。あなたの中にある広大無辺な〈何か〉はあなたの人生や世界で起きていることのすべてを知っています。その〈何か〉とは、たえず存在する目覚めた意識の本質です。それをあなたは〝わたし〟と呼んで、有限の自己である小さな〈わたし〉のことだと勘違いしたのです。そこで質問は、どの〈わたし〉がこれを聞いているのか、どの〈わたし〉がこれをしゃべっているのか、ということです」と言って彼は笑った。

「質問に答えないで、ただ体験してください」

道なき道を示す

バーソロミューはにっこり微笑むと体を後ろにもたせかけた。わたしたちもみなリラックスして、今聞いたばかりのことを心の中で反芻した。やがてリンが紅茶を一口飲んでから手を挙げた。

「カーラチャクラ灌頂《かんじょう》について話していただけませんか。その目的が何なのか、わたしたちの覚醒にどう役立つのか、という点について話していただきたいんですが」

「カーラチャクラの誓いは、これまで話してきた巨大な意識のピラミッドの中でも強大な踏み段のひとつです。特に規則に従うのが好きな人たちにとっては、カーラチャクラの誓いはそうしたアプローチの高度な形を儀式化したものといえます。規則に従っていると、ある程度の意識の集中や心の平安が達成でき、心も開いてきます。完全覚醒にまでは導いてくれませんが、深淵の崖っぷちまでは導いてくれます。それからはその無の深淵に飛び込むしかありません。規則もなければ頼るべき道標もない場所です。規則は全部捨てて、今この瞬間に完全に飛び込むのです。いったいそこに何があるのか想像も期待もしないで、未知の世界に飛び込まなければなりません。

覚醒した指導者は、規則をすべて捨てなければならないことを意識のもっとも深いレベルで理解しています。けれども指導者は覚醒のプロセスを体現する者なので、その意味で、彼らは規則を教え、自身も実践しなければなりません。そうしながらも、形のないものに規則をあてはめることが不可能なことも知っています。彼らの役目は弟子たちを深淵の崖っぷちまで連れてくることです。カーラチャクラはそうしたアプローチのひとつです。このヒマラヤの山中で行われる儀式では計り知れないほど強烈なパワーが生まれるでしょうから、みなさんがそのパワーに抵抗することなく、それに浸りきって、全身が満たされるように願っています。また、カーラチャクラ灌頂《かんじょう》をいただき、そのパワーを自分の中に通して誓いを立てたいと望む人たちは、そうすることに何の問題もありませんので、安心してください。わたしたちには規則に関する規則はありませんので」

エミーが顔を上げて質問した。

「わたしはだんだん気分が悪くなってきたのですが、なぜなのかわかりません。自分がどういう状態にあるのか理解できるはずだという気もするのですが、それが今はまったくわかりません」

「二、三日以内にその理由がわからなければ、この問題についていっしょに考えましょう。原因を探すのをあきらめないでください。というのも、あなたは非常に大切なことを発見したのですから。人は誰でも自分が見たくないものから逃げます。逃げる方法の中でも一番よく使われるのが、病気になって気をそらすことです。病気は時間も気力もかなり使いますし、思考のほとんども使います。あなたを責めているわけではありませんが、人生がこの瞬間創造されているのをありのままに見つめて自分の本質を発見するのは嫌だ、と感じている自分をユーモアの精神で見てください。

気をそらしている対象が大切だというふりをしないでください。それが何であっても、それは重要ではありません。単にもうひとつの行為、もうひとつの考え、もうひとつの感情、もうひとつのエゴの創造物にすぎません。自分がなぜそうしているかを知る必要があります。自分が本当に探しているものが今この瞬間に含まれていないかもしれないという可能性に直面するのが怖くて、気をまぎらす対象を生み出したのです。神は存在しないかもしれない、至福の境地も永遠の自己も存在しないかもしれないと不安なのです。ここで繰り返しますが、神も至福の境地も永遠の自己も**存在します**。あらゆる瞬間の中にそれらはすべて存在しますし、あなたが想像だにできないすばらしいものもそこには含まれています」

規則や規範につまずく

ダーシーが緊張をあらわにして突然大きな声で質問した。

「わたしは今、頭が混乱し、怒りと悲しみを感じています。わたしはたぶん何回もの生まれ変わりを通して、えっちらおっちら魂の進化のはしごを登ってきたと思うんですが、あなたの話では、覚醒はすでにわたしのものであり、いつでも手の届くところにあり、そのための規則も何もないのだということです」

彼女は息をつく間もなく、一気に話しつづけた。

「ところがチベット仏教に出会ってみると、そこには上から下まで明確な段階があって、たくさんの戒律があります。戒律があることにわたしの頭は混乱し、怒りを感じ、そうした感情にわたしの意識が向けられてしまって、気が散っています」

彼女は一息ついてから、「この点についてアドバイスをお願いします」と言った。

バーソロミューはそれにすかさず応えた。「わたしがピラミッドの話をしたのはこのためです」。「規則や規範はピラミッドの最下層にあり、それはそれで非常に大切なものです。仏教を例にとりましょう。仏陀自身の言葉をおぼえていますか。覚醒には七回生まれ変わるか、七年かかるか、七時間かかるか、七分かかる。または今すぐにでもできると言いました。仏陀がウソをついたりするでしょうか。今この瞬間できないことをできると言ったりするでしょうか。しかしそうは言っても、誰でもある段階では絶対的に規則が必要です」

彼はダーシーのほうに身を乗り出すと、「あなたはもう規則の段階は終わりました。もう一度戻って、その段階を繰り返すのはやめましょう」とやさしく言った。

「今はこの自由の可能性を追求してください」。大きな笑顔になると、こうつけ加えた。

「それに覚醒した仏教徒たちは、規則をあたえながら心の中ではクスクス笑っているのを忘れないでください。彼らは真理を知っているんですから。けれども公の場でクスクス笑うわけにはいきません。でもこうした指導者も、弟子がドタドタ足を踏みならして部屋に入ってきて、『覚醒が今ほしいんです。何回も生まれ変わってからなどというのはごめんです』と要求すると、『よし、わかった。ではここに座って、どんな真理が姿を見せるかやってみなさい』と返事をします。こうした指導者は公の顔と私的な顔とふたつの顔を持っています。彼らは自分の役目を果たしているだけです。ピラミッドの上層と下層の両方を含む教えを聞いたら、それはあらゆる人を内包できる広大な意識の教えだと理解してください。こうした**〝広大なる自己〟の中にはあらゆる人間や物が存在できる場所がそれぞれあります**」

彼は後ろに寄りかかった。

「いいですか。ダライ・ラマはいくつかの異なる役割をになっている人です。灌頂《かんじょう》では、ダライ・ラマは教師ではなく、カーラチャクラ尊そのものの聖なるエネルギーを体現します。**神そのもの**になるのです。みなさんにはそれが感じられますし、気に入ると思います。頭を使わずにただありのままでいれば、**とても気に入る**と思います。それは意識の本質がパワーとなって現れている状態です」

あたりが一斉にシーンとなった。

「とにかく頭《マインド》を使わないことです」とバーソロミューが緊張を破って、つけ加えた。みなはクスッと笑ってリラックスした。

「何か質問がありますか」と彼が訊いたら、またシーンとなった。彼はわたしたちをジッと見つめると、「何か答えがありますか」と冗談を飛ばした。

「ほかの人が規範について異議を唱えるのを聞いておもしろいと思いました。わたし自身は、どの仏教の教えの本を読んでも、規範というふうには解釈しませんから」とチャイが穏やかに発言した。

「わたしにとって仏教の教えは象徴や比喩であって、すでに存在するものを確認するものです」

「何か例をあげて話してごらんなさい」とバーソロミューがうながした。

「たとえば育った環境や教育の結果、わたしは毎日お米を食べるように条件づけられているとします。そこに誰かがやってきて、マンゴーがおいしいよと言うとしたら、その人は、『味覚を味わうにはマンゴーを食べなくてはならない』という言い方をしなければならないでしょう。また、わたしの中にはマンゴーをどうしても食べてみたいという気持ちがあります。そこでマンゴーを食べるように言われると、それは自分の気持ちの確認になり、わたしはお米を食べるのをやめてマンゴーを食べることができます」

チャイはクスッと笑うと、「わかりますか。だからあなた方が話していたような規範を読んでも、たとえば人に親切にせよとか、前向きに考えよとか……」

バーソロミューは片手を挙げると、話をさえぎって、「人々が反対している規範はそうしたことではないと思いますよ」と言った。聴衆の一部から同意の声が一斉に聞かれた。

「これは大事な点です。思いやりや親切が意識の目覚めに必要不可欠だということに反対する人はここにはひとりもいないと思いますので、この点をはっきりさせておく必要があります。わたしの考えでは、この人たちが反対しているのは、個人の日常生活を変えなければならないと教える規則のことです。たとえば僧院や修道院に入って厳しい規則のもとで生活しなければならないとか、さまざまな種類の禁欲生活を送らなければならないという類の規則です。このグループのほとんどの人にとって、そうしたアプローチは現実的ではありません。あなたの言う基本的な真理に反対しているわけではなく、この教えを実践するには肉体的にも精神的にも厳しい規則に従わなくてはならないと聞いて、それを悲しく思っているのです」

バーソロミューは、彼の言葉にうなずいているキャロリンのほうを向くと、「あなたが感じていたのはこういうことですか」と訊いた。

「はい」と彼女は答え、「わたしが今とは違った人間にならなければならない、わたしの本質だけでは充分ではない、と言われた気がしたのです。そうしたことを言われたときに、わたしはとても悲しくつらい気持ちになります」と言った。

「それは誤解だと思います」とチャイが言うと、「わたしもそう思います」とオーストラリア人のリシがつづいた。

バーソロミューはさっと割り入って、「ここで議論をする必要はないと思います」と言った。「みんなまったく違う観点からこの問題を議論するでしょうから、このまま議論をつづけると、大事な点を見失ってしまいます。

ほかの人たちが作った規則や規範によって失望させられたりだまされたと感じたりしている人

がいるのは、どうしようもない事実です。そういう人たちは、新しい宗教的権威者がやってきて、自分の本質を本当に知るためには彼らの規則に従わなければならないと主張するのを聞くと、非常に不安になり、自分がすでに知っていることさえわからなくなってしまいます」

彼はわたしたち全員を包み込むように両手を大きく広げた。

「ここにいる人はひとりの例外もなく、昨夜聞いたのと同じくらい厳格な規則を自分自身に対して持っています」

彼はキャロリンのほうを指さした。

「数あるあなたの規則のひとつはこういう規則です。『ビスタ・グランデ校で子どもたちに教える際、わたしは思いやりと一貫性のある態度で接するよう全身全霊努力する』というものです。また別の規則は、『何かしゃべるときにはかならず真理を話すように全力をつくす』というものです。あなたは驚くほどたくさんの規則を持っていて、それらを誠心誠意守るよう努力していいます。すべてすばらしい規則ですが、チベット仏教の戒律と同じくらい厳格な規則ですよ」。そう言って彼は笑った。

「あなたの規則は、お米を食べるとか、禁欲生活を送るとか、鐘が鳴ったら瞑想するなどという戒律よりも、ひょっとしたらもっと厳しいかもしれませんね。わかりますか」

キャロリンはうなずいて後ろに寄りかかった。

彼はわたしたちのほうに向き直ると、「ここにいる人たちみんなにこの点を理解してほしいと思います」と言った。

「みなさんは**自分にぴったりの規則**をそれぞれ持っています。何も規則を持っていない人は、今すぐ作ることをおすすめします。**自分自身の規則**です。自分自身の規則に従わずに神のパワーに近づくことなどできません。心を開き、柔軟な思考をし、神の恩寵や真理を受け入れることができる状態を生み出すためのルールです。覚者は数えるほどの簡単な規則を作っただけですが、弟子たちはその規則を複雑にしました。それが何百年もたつうちに、より一層複雑になりました。

ピラミッドの頂上には基本的な本質だけの単純さと明晰さがあります。空間もたくさんあります。ところが下に降りるにしたがって、どっしりと重く密度も増して生気を欠いたものになります。忘れないでほしいのは、一番下には、この二千五百年間あまりのあいだに人々がほかの人の規則に関して作った規則があるということです。ピラミッドの上層部にいる人は、それまでの規則はすでに体験済みで、今度は神といっしょに自分だけの規則を作りたいと願っている人たちです。そこで作る規則は、まわりで何が起こっていようとも神しか見えないという境地へ自分を導いてくれる規則です。あなたが求めている意識とはそうした意識です」

バーソロミューの声がやさしくなった。

「ですからどこにも本当の意味での対立はないと思いますよ。むしろ、このピラミッドに実に多くの部分があることに対する感謝の気持ちや感動、理解そして連帯感があると思います。あらゆるものが存在できる余裕が常にあります。なぜならこうした規則はすべて〝無限の自己〟の中で生じるもので、〝無限の自己〟にはすべてが含まれているからです。いいですか。あなた方は何世紀にもわたってピラミッドの中の多くの部分に飛び込んでいったことがあるのです。ある人生ではあなたはイスラム教徒だったでしょう。その部分をいくらか実践すると、飛び降りて、今度は仏教徒として生まれ変わったり、キリスト教徒になったりします。そして少し上に進みます。ひとつの宗教の中だけで生まれ変わりをくり返して、真っ直ぐ直線的にはしごを登っていくわけではありません。このピラミッドはあらゆるものを含んでいます。ですから自分が今どこにいるかを知っていてください。

自分がどんな規則を持っているのかをはっきり知って、僧侶たちと同じくらい厳格に、そして忠実にその規則に従いましょう。同時に喜びも感じながら従ってください。僧侶たちはみずから望んで戒律を守ります。戒律を守れば、自分の願望がかなうと信じているので、喜んで実践しています。けれどもあなた方と僧侶たちは違います。あなた方はもっと違ったリズムで動いています。これらすべての方法がどれも有効で役に立つことを心からありがたいと思いましょう」

クレアの手がさっと挙がった。

「自分が規則を持っているとわかったら、それが何かを発見して、その限界を広げる努力をするものだと思ってました」

「あなたは人を縛るような規則の話をしているのだと思います」とバーソロミューは応えてから、

「例をひとつあげてください」と言った。

クレアはしばらく考えてから、「わたしはセックスに関して規則を持っていると思います」とやっと答えた。

バーソロミューを含め、みな吹き出した。

「もちろんそうでしょうとも。絶対そうですとも」と彼は同意した。

「この部屋にいる人の中で、自分はセックスに関する規則なんか持っていないと思う人はいないでしょうね。そう思う人がいたら、気がついていないだけです。

みなさん」と彼は軽い調子で話しはじめた。

「前にも言いましたが、セックスほど規則が多い分野はほかにありません。体の中で性のチャクラが一番混乱しているエネルギーのセンターです。なぜでしょうか。一方ではセックスは人を天国に導くと言われ、その一方では人を地獄に導くと言われます。この人と関係すると、すばらしいと言われ、別の人と関係すると、永遠に社会のつまはじきになります。この体位ですると、みんなから正常だと言われ、別の体位ですると、変態だと呼ばれます。このように**規則が矛盾しています**。

セックスに関する規則は非常に幼いころに作られはじめます」

彼はまじめな口調でつづけた。

「それらの規則は矛盾に満ちて、人を怖がらせるものです。その結果、多くの人がセックスに背を向けようとしますが、性エネルギーは非常に強烈なパワーで体内を動くので、無視することはほとんど不可能です。こうして対立するいくつもの考えが矛盾に満ちた規則を生みました。こうした状況にあっても、あなた方はそれぞれ、自分にとって最善最高のセックスとはこういうものだという、セックスに関する基本的なルールをひとつ持っています。それは**あなたにとっての**真理であって、社会が押しつけたものではありません。**あなたの**心《ハート》や精神《マインド》や意識がセックスに関してこれがもっとも妥当だとする真理があります。そして**それこそが**あなたが守るべき規則です。わたしの言っていることがわかりますか」と彼が訊くと、クレアはうなずいた。

　バーソロミューはわたしたちのほうを振り向いた。

「セックスに関して一番明快で有効な規則は、人をも自分をも傷つけないという点を基礎にしています。成人するにつれて、人をも自分をも傷つけないということのさまざまな意味がわかってきます。というのも、最終的には人をも自分をも傷つけないという態度が人生のあらゆる局面に必要となるからです。世間はあなたの行動は良くないと言うかもしれませんが、自分なりの真理に従っていれば、自分が人を傷つけない行動を取っているかどうかはわかります。**人をも自分をも傷つける行為でなければ、心から楽しんでください**。あなたは直感的に確信していることがたくさんあります。**それこそ**がわたしが話している信念なのです。それらの信念が基本的な規則となって、あなたの人生を導き、人との接し方や話し方や考え方、どんな仕事を選ぶかまでも決めていきます。それ以外の規則はすべて不自然で、世間が望まないことや、自分では**怖くてできな**

いことをあなたがしないようにするために作られた規則です。**今この瞬間の自分にとって**一本筋の通った人間であるために必要だと思って守っている規則だったら、筋を通してその規則通りに生きてください。これで前よりもはっきりしましたか」とバーソロミューがクレアに尋ねた。

「はい」と彼女は答えた。

彼はほかの人たちを見回して、「規則に関する疑問が晴れましたか」と訊いた。

「みなさんがスッキリしないまま終わりたくありませんので、すべてオープンにしましょう。みなさん、疑問はありませんか」。彼は手が挙がるかどうか、少し待った。

「ではこの広大無辺で神秘的な〝大いなる一《ワンネス》〟の中にいるわたしたちのあいだに、議論や思考による分離を作り出さないようにしましょう」


ダーシーがまた手を挙げたので、あちこちで陽気な笑い声が聞こえた。

「わたしはまだ頭が混乱しています」と彼女は話しはじめた。

「わたしの見るところ、チベット国家の神託師のような光の存在が、意識も目覚めて〝大いなる光〟を知っているのに、人々の集まりに来て狭い意識の教えを授けるというのがどうも理解できません。この考え方のどこか間違っていますか」

「はい」とバーソロミューは答えた。

「そうですか。どう間違っていますか」

「仏教の経典を見てごらんなさい。仏陀は完全に覚醒した存在でした。言っておきますが、仏陀が自分の深い叡智のレベルで話すとしたら、仏陀は何も言わないでしょう」と言って、バーソロミューは仕方がないというふうに両手を広げた。

「仏陀は黙って座ったまま微笑むだけで、何も言わないでしょう。悟りを開いたあと、仏陀は何週間ものあいだ一言も話しませんでした。やがてそれでは人々は理解できないことがわかり、『言葉で説明したほうがいいかもしれないな』と思いました。そこでいくつかの教えを授けると、非常に感動した人もいましたが、なかにはまだ彼の沈黙も教えも理解できない人たちがいました。そこで、『もう少し違った説明の仕方が必要かもしれないな』と仏陀は考え、違ったように教えます。するとまた何人かが理解して感動し、人生に希望を抱きます。

わかりますか。すべて意識のピラミッドの一部なのです。自分の好きなところからピラミッドに入れます。仏陀はピラミッドのあらゆる面を登って、完全な沈黙よりも下のレベルから人々に話しかけ、魂の解放への道標を必要とする人々に手を差し伸べようとしました。無限の叡智をもつ仏陀には、人々がその道標に従えば、やがていつか未知の領域にみずから飛び込む準備ができるとわかっていました。覚者たちは下のほうを見て、『うむ、ここはちょっと高すぎるな。はしごをかけたほうがよさそうだ』と言って、はしごをよいしょよいしょと降りてくるのですから、そうした覚者たちに感謝しましょう。このような偉大な覚者たちは、いつの日か、はしごや階段の必要がなくなって、すべて〝大いなる一《ワンネス》〟だけになることを知っています」

糊のきいた真っ白な制服を着たスタッフが笑顔を浮かべながら静かに部屋に入ってきて、空になった茶碗やコップを片づけはじめた。

「わかりました」とバーソロミューはスタッフのほうにうなずくと、最後にこう言った。

「では終わりにしましょう。キッチンの人たちがわたしの話があまりに長いのでしびれを切らしているようです。この集会も日ごとに長くなるようですね。

ではみなさん、ありがとう。カルパでまた会いましょう。すばらしい旅でありますように。それから、呼吸するのを忘れないでください」

「障害にぶつかる」というお告げ

ワゴン車十一台とその運転手たちが中庭で待っていた。二台のバスのうち一台がデリーまで戻らなければならないので、その代わりの車だった。残りの一台はコックたちや食料や荷物などを乗せてわたしたちといっしょにカルパまで来て、またそれから先の旅の足にもなる予定だ。ワゴン車は一台につき乗客三人まで乗せられるが、荷物の余裕はあまりなかった。わたしはバックパックを座席の後ろに放り投げると、バーバラやグレタといっしょに乗り込んだ。運転手たちはエンジンをかけて加速をつけると、先を争って一列に並ぶと出発した。

シムラの町を出ると道は急に細くなり、曲がりくねった山道が高度を上げていった。道の片側は切り立った岩肌で、反対側は落ちたら数百メートルはあるかと思われる崖になっている。この山道は岩山を手でコツコツ掘って切り開いた道路で、正式にはヒンドスタン・チベット・ハイウェイと呼ばれている。急なつづら折りの山道では曲がり角の向こうはまったく見えない。運転手は曲がり角まで全速力で飛ばすと、クラクションの上に上体を乗せかけて、ピーピーとかすかにあえぐような音を鳴らす。それから別にスピードを落とすわけでもなく、角をぐーっと曲がる。こうした運転法にわたしたちはすっかり気をのまれて、おしゃべりするのも忘れてしまった。

わたしたちの車が曲がり角に到達したときに反対側から来た車と鉢合わせする瞬間がいずれ訪れるのは誰にも明らかだった。そんなとき、運転手はワゴン車を岩壁ぎりぎりに寄せ、対向車は崖っぷちのほうにぐっとハンドルを切って通り過ぎるので、わたしたち乗客三人は恐怖で息が止まった。この山道には珍しい直線部分で対向車に出会うと、運転手は車の速度は変えずにかすかに脇によけ、しぶしぶ相手の車がやっと通れるほど空けてやるのだった。こういうとき、運転手はにやにや笑いながら大声で何か叫ぶ。わたしたちが怖がるのでますます乱暴な運転をしているのではないかとさえ思えた。突然パンという音が聞こえたかと思うと、前のワゴン車から砂煙があがった。前輪がパンクして、ワゴン車は傾いたまま崖っぷちに向かって走っていく。わたしたちの運転手は停まるどころか、やっと停まったワゴン車と青ざめた乗客を後目に通り過ぎていった。パンクした車の運転手は運転席からにやにやしながら降りると、肩をすかせて両手を広げた。

「運命さ」とでも言うように。

わたしたちの車がやっと停まったのは、道路が乾ききった川床のような状態だったからだ。山崩れで壊れた道の一部を作り直しているのだった。バーバラとグレタとわたしは車から降りて、ワゴン車が注意深く大小の岩や石ころの上を通っていくのをほかの人たちといっしょに眺めていた。ワゴン車のあとについて歩いていったのだが、不平を言う者はひとりもいなかった。近くの村から集められた作業員たちが黙ってわたしたちを見つめていた。

男たちは道にしゃがみ込んで、金属のハンマーで岩を割ったり削ったりして、道路の補強工事に使う荒削りの石のレンガを作っていた。男たちのまわりにはでき上がったレンガや砕かれた岩がきちんと並べられている。女たちはふたり一組になって落石を片づけていた。ひとりが大きな四角のシャベルを持ち、もうひとりがシャベルについた太いロープを引っ張る。こうしてひとりではとても持ち上げられない量の石をふたりで片づけていた。

大人たちのあいだを小さな子どもたちが動き回り、男たちに岩を配っていた。ここかしこでたき火が焚かれ、紅茶を入れるためのお湯が沸いていた。

わたしは土木工事用の機械が何も使われていないことにすぐには気づかなかった。そしてそれが何を意味するかを理解するのにまたしばらくかかった。ヒマラヤの道路はこうした方法で補修されているのだ。わたしたちは作業員たちに微笑みかけ手を振った。彼らもお返しに笑ったり拍手したり笑顔を見せたりしてくれた。こんな大変な作業をしている人たちに感謝するのにそれしか方法はなかった。

ワゴン車はぴったりくっついて一列に並んでいた。わたしたちの運転手はダッシュボードの下で何かやっていたが、起きあがってハンドルの後ろに座るとクラクションを鳴らした。クラクションの音が大きくなったことに満足すると、わたしたちに乗るように合図し、車は次の急カーブに向けて出発した。曲がり角に近づくと、クラクションとはっきりわかる音がして対向車が近づいたことを知らせた。わたしたちにも曲がり角でのルールがだんだんわかってきた。クラクションを大きく鳴らしながら曲がり角に先に達したほうが勝ちで、停まらずに角を曲がってよいことになっている。岩肌にペンキで描かれた大きなラッパの図は聖体の図ではなく、「急カーブ注意。クラクションを鳴らせ」という道路標識だったことがやっとわかった。

道路に釘付けになった目をたまに離してあたりを見回すと、そこには息をのむほど美しい景色があった。わたしたちが走っているところは植物の生えない高地で、道路は切り立つ峰を片側に、その反対側は垂直に落ちる崖だった。空気は澄んですがすがしく、太陽は明るく照っていた。わたしたちが通っているところは、どちらを見ても目のくらむような断崖絶壁ばかりだった。

次の曲がり角を曲がったところで運転手が突然ブレーキをかけた。前方には車が長い列をなして停まっている。わたしたち三人はホッと安心して、車を降りて歩き出した。わたしたちはほかの仲間に加わったが、ラッセルとチャイはどうしたのか調べてくると先へ行った。わたしたちのバスもやってきて、ほかの車の後ろに駐車した。まわりの人たちはかなり以前からいるらしかった。道路脇にしつらえた簡単な覆いの下に敷物を敷いて寝転がっている人もいれば、道ばたにくつろいで、紅茶を飲んでいる人もいる。チャイがわたしたちのところに戻ってきた。

「山崩れがあったそうです」と彼女は言った。

「えーっ、どうしよう?」とメアリーマーガレットが大きな声で言った。「時間がかかるのかしら」「さあ、わかりません」。チャイは目をすかして遠くを指さすと、「あの高い山が見えますか」と訊いた。みなは上のほうに目をやった。「何かが爆発しているような音が聞こえませんか」と彼女はなおも訊いた。

「ええ」。それはみなに聞こえた。

「あのですね。実は」と言ってチャイはあたりを見回した。「昨日山崩れがあって、道路を完全にふさいでしまったんです。今、上のほうで作業員がダイナマイトをしかけて、これ以上山崩れがないようにしているんです。それが終わってから、道路の土砂をどける作業をはじめるそうです」

「明日のカーラチャクラがはじまるまでにカルパに到着できる可能性はあるの?」とメアリーマーガレットが訊いた。

「あんまりないですね。ダライ・ラマは山崩れの起きる前に通過なさったそうです」とチャイが返事した。

「しかしあきらめずにがんばると……」

みな一斉に何か言い出した。これは巨大な障害だった。ちょうどそのとき、茶色のズボンにワイシャツを着た身なりのきちっとした男がわたしたちのところにやってきた。

「失礼ですが……」と英語で言ってから、その先はヒンズー語で話し出した。チャイとラッセルとネイマとジュンパがこの男性を囲んで、熱心に話を聞いた。彼は向こうのほうを指さした。山崩れが起きたのは道路がぐっと折れ曲がっている部分だった。山崩れの向こう側の道路に数人の人と車が数台かたまっているのが見えた。

五、六分話したあとで、チャイがわたしたちのところに戻ってきた。

「この男性はワゴン車を数台もっていて、お金を出せば、わたしたちをカルパまで連れていってくれると言っています」と彼女は言った。「その場合、山崩れの場所を歩いて向こう側まで行き、荷物はほとんど全部ここに置いていくことになります」

「いつ道路が再開するか、彼は知っているのだろうか」とジャスティンが訊いた。

「誰にもわかりません」とラッセルが答えた。「今日は一日中、山を爆破するだけです。それだけは確かです」

これからどうすべきか、わいわいがやがや議論がはじまった。

「食べ物やわたしたちの荷物はどうなるんですか」とエレンが訊いた。

「手に持てるだけの荷物しか持っていけません」とチャイが答えた。

例の男が突然戻ってきて、チャイに向かって何か話し出した。ふたりの会話はだんだん熱が入ってきた。彼女は話の途中でメアリーマーガレットのところに来たが、不機嫌な顔つきだった。

「まったくもう。車はもうありません」と彼女は言った。「わたしたちがああでもないこうでもないと言っているあいだに、誰かが借りてしまいました」

「どうしたらいいかしら」とメアリーマーガレットが大きな声で言った。

チャイは男のほうを見た。彼は両肩をすかせて、わたしたちに向かってうなずいている。「彼が言うには、バスがもう一台残っていて、それだとここにいる全員と、ひとりにつき荷物を一個ずつ乗せられるそうです」とチャイが答えた。チャイとメアリーマーガレットは顔を見合わせた。まわりでは何人かずつかたまって、さまざまな可能性を議論していた。運転手たちは出ていく者もいれば新たにやってくる者もいる。クラクションがうるさく鳴り、乗用車やトラックやバスがどんどんやってきて、長い列に加わった。わたしたちはじっと待った。

「このまま先に進むべきかどうか」とメアリーマーガレットが思案した。チャイは何も言わない。やがて、決心した顔つきでメアリーマーガレットが叫んだ。

「前進！」

チャイは笑ってから、「前進」とくり返した。

決断が下された。困難にめげずに突き進むのだ。

指示があたえられた。「必要なものだけ持って、あとは残していくように」。

ネイマとジュンパがバスの屋根に登って、荷物を投げ降ろした。男たちが現れて、荷物を放り投げはじめたので、人々は自分の荷物を見つけようとうろうろした。コックたちは食料品の山の中に分け入って、道路再開後バスがやってくるまでのあいだに必要な水と食料を選り分けた。集まっていた人たちが動き出し、自分の荷物を見つけては歩き出した。メアリーマーガレットはジュディスとキャロリンに、先に行ってバスが出てしまわないように見張っていてくれと頼んだ。ふたりはしていたことをやめて、みなに励ましの言葉をかけながら向こうに歩いていった。やがて疲れ切ったアメリカ人とオーストラリア人たちは一列になって山崩れのあった道路の端をそろそろと歩いて渡った。

わたしはバックパックをつかむと、エレノアのあとについていった。彼女はインドには来たことがあって、また来るつもりはなかったのだが、バーソロミューといっしょにいられることやダライ・ラマにヒマラヤで会えるのが魅力で、インドに戻って来たのだった。彼女はわたしのほうを振り返ってニコッと微笑むと、用心しながら岩の上を歩いていった。山の一面が崩れ落ちて、大きな岩や石が道路をおおってしまった。泥もあって、足場を悪くしている。ときおり、上のほうから爆破音がして、崩れた岩がバラバラと落ちてくる。急げと命令する役人の横を通り過ぎながら、**これは危険だ**と思った。わたしは足を止めてあたりを見回した。頭上には山がそびえ立ち、足下には空間が広がっている。わたしは世界の果てに立っているのだ。その瞬間に存在するすべてのパワーや壮大さと一体となって、わたしは深い恍惚感に全身をおおわれた。

「前に進んで！　止まらないで！」と後ろから大きな声がした。後ろを振り向くとメアリーマーガレットが役人の横に立っているのが見えた。役人は自分の頭を叩きながら、彼女の頭を指していた。彼女がバックパックを頭に乗せると同時に、役人は上を見上げて、「走れ。走れ」と叫んだ。

「頭をおおって！」と彼女が後ろの人たちに叫んだかと思うと、石ころが上からバラバラと落ちてきた。みな走った。

息を切らせて反対側に着いてみると、キャロリンとジュディスがバスのまわりをゆっくり歩きながら、たがいに何かつぶやいていた。不思議に思って、わたしはジュディスの横に行ってみた。

「これ見てよ」と不機嫌な顔をしてジュディスが言った。「タイヤの溝がなくなってるわよ」。わたしはしゃがんでタイヤを調べた。彼女の言う通り、タイヤにはほとんど溝がなかった。「窓ガラスもみんな壊れてるわ」と彼女はさらに言った。つま先立って窓を調べたら、彼女の言う通り、窓ガラスがいくつか壊れている。ジュディスは腰をかがめて下のほうを見ると、「まったく何てことかしら。車体が筒抜けじゃない」と叫んだ。わたしはげんこつの大きさの穴に指をつっこんだ。彼女の言う通り、車体のところどころが錆びついて穴が開いている。

「何色かさえ、わからないじゃない」とキャロリンもわたしたちの後ろに来て言った。わたしは少し後ろに下がって、バスを厳しく吟味した。彼女の言う通り、車体にでこぼこや傷がたくさんあって、何色なのかわからない。

「こんなバスには乗れないわ」とジュディスが宣言したとき、ジャスティンがゆっくり近づいてきた。

彼はたばこをふかしながら落ち着いた様子でバスを点検すると、「ほかに何か、カルパに行く方法がありますかね」と言って、何もない道路を指さした。キャロリンとジュディスはあたりを見回し、それからおたがいの顔を見合った。

ジュディスがアッハッハと笑って、「荷物を運ぶのを手伝いましょう。この旅が思い通りにいかないというのはとっくの昔にわかっていたことだもの」と言った。

キャロリンも賛成して、ふたりは荷物を一カ所に集めはじめた。

荷物を全部積み終わったら、バスは身動きできないほど窮屈だった。日も暮れかかっている。わたしは運転手と地元の乗客のすぐ後ろに座っていた。オーストラリア人の団体に加わったイギリス人の写真家、ローレンが最後に乗り込んできた。彼はカメラをもったままエンジンカバーの上に窮屈そうに陣取った。運転手がバスを発車させると、青い煙がバスの床から上ってきた。見下ろすと、わたしの足下には地面があった。わたしは運転手の頭の後ろをじっと見つめて、運転手がバスを無事に運転できるように念力を送った。

旅の最後の行程はヘッドライトの恩恵を受けることなくはじまった。十分後、何もないと思われる山の中、ぼんやりとした月明かり以外は何もない暗闇の中で、運転手が急にバスを停めると、男がひとり乗ってきた。彼は、これから先に行くには追加料金を支払わなくてはならないと言った。最初に料金の取り決めをしたラッセルが後部座席から飛び出してきて、その男と激しい口論をはじめた。男はわたしたちにさらに六千ルピーを払えと言うのだが、ラッセルは承知しない。

おたがいをなじりあう声が五、六分もつづいたころ、後ろのほうから誰かが叫んだ。「六千ルピーやって、ここを早く出ましょう」とメアリーマーガレットが大声で言った。

ほかの者たちもすぐに賛成したので、ラッセルはあきらめ、運転手はギーッとギアを入れて発車させた。運転手はギアをギーギー言わせて乱暴に替えたり、突然予期しないところでアクセルを踏んだり、無茶苦茶な運転だった。薄気味悪い月明かりに照らされて道路がぼんやり見えたが、道の端は垂直に落ちる崖で、ときおり谷間に落ちた車やトラックが見える。突然、運転手は急激に速度をゆるめると、ヘッドライトのスイッチを入れた。ライトの前方にはヘアピンカーブがあって、カーブの先に金属製の細い橋がかかり、その下には急流がごうごうと渦巻いていた。バスが角を曲がりきれなかったので、運転手はギアをバックに入れて、崖から数センチのところまでバスを後退させた。バスの乗客のあいだに恐怖が走り、ギアのギーギーきしむ音と運転手の罵声以外は死んだように静まり返っていた。

運転手は乱暴にギアをローに入れると、クラッチをはずした。ガリガリと大きな音がして、バスの車体が橋の支柱をかすった。キャロリンの肩越しに外を眺めると、月の光で川は銀色の洪水のように見える。川は大きな岩の上をごうごうと音を立てて流れ、橋の下をくぐって、谷間に流れ落ちていた。空気はしっとりと湿り、氷のように冷たい水の匂いがした。わたしは肩の力を抜いてリラックスした。こんなとき、それ以外に何ができるだろうか。

もう一度、運転手はバスを後退させてからローギアにしてアクセルを踏んだ。金属と金属がガリガリとこすれあう音がしたかと思うと、バスは橋の上に乗り、渡り終わった。その瞬間、ワーッと歓声があがった。運転手は機嫌がよくなったらしく、ヘッドライトは消さずに、スピードも落として残りの行程を走った。

前方の暗闇にかすかな明かりが見えたが、バスが近づくにつれて次第に明るさを増した。小さなコンクリートの建物が照らし出され、そばに兵士の姿がくっきり浮かんだ。カルパへ行く道にある最後の検問所だ。

バスが停まると、チャイとラッセルが飛び降り、三十二人分のパスポートを抱えて検問所の入り口に向かった。残りの人たちはゆっくり彼らのあとからバスを降りた。五体無事にここまで来て大地に足をつけられることにみなほっとして、道路をあちこち歩き回った。用を足すのに適当な木陰か藪陰を探している人たちもいれば、道ばたの岩に腰かけて静かに祈りを唱えている人たちもいる。わたしは道の端まで歩いていって下をのぞき込んだ。明かりがたったひとつ、ぽーっと光っていて、ラリーとロバータがちょうど下の暗闇に消えていくのがかすかに見えた。数分後に戻ってきたラリーはビールの大瓶を手にもち、ロバータはクラッカーをかじっていた。わたしの質問に、ロバータは口をもぐもぐさせたまま、「店」と明かりの方角を指さして答えた。

細い道を降りていくと、小さな石造りの建物があって入り口が開いていた。中に入ると、裸電球が低い天井と土間をぼんやり照らしていた。板がカウンター代わりに置かれ、その後ろには棚があって、ビンが数本と箱がいくつかあるだけで、ほかには何もなかった。薄暗い壁側にはテーブルがいくつか置いてあり、そのうちのひとつに男がふたり座っていた。三人目の男はカウンターの後ろに立っていて、わたしが入っていくと目を上げた。わたしは一瞬どうしていいかわからず、たじろいだ。勇気を奮い起こすと、棚にある埃だらけのビンを指して、「ビール？」と訊いた。男はにやっと笑ってビンをつかむと、わたしの目の前につきだした。それに応えてわたしは紙幣を何枚か取り出すと、ビンの栓を開ける仕草をした。男はビンと紙幣を受け取ると、ビールの栓を開けてくれた。にっこり微笑んで手を振りながら店を出たあと、わたしは、過去四十年間外国人旅行者が来たことのない地域に真夜中に突然わたしたちが現れて、この人たちはどう思っただろうかと考えた。

道路に戻って、何人かの人たちとぬるいビールを分け合い、検問が終わるのをじっと待った。三十分後、チャイとラッセルが新たにスタンプが押された許可証を振りかざしながら、勝ち誇ったようにして戻ってきた。

「万事終了！　出発です。さあ、行きますよ」とチャイが言った。

みなは急いでバスに戻り、兵士は手で合図してバスを通過させた。運転手は上機嫌とは言えないまでも、かなり機嫌が良かった。バスは川筋を離れ、樹木の生い茂る急勾配の山道をジグザグに登っていった。たまに道ばたにテントや小屋が見えたかと思うと、すぐに後ろに飛び去っていった。今はもう、バスのエンジンの音と、夜の闇にちらっと現れては消える物体を除いては、何もなかった。真夜中を過ぎていたので、乗客たちも静かだった。

わたしがうつらうつらしていると、突然バスが停まった。目を凝らして外を見ると、わたしたちのよりもっとオンボロのバスが横に停まっていて、その向こうには石壁がぼうっと見えた。わたしたちのバスに乗っていたインド人乗客が降りて闇の中に消えた。バスはまたエンジンをかけて発車した。乗客は長い旅ももうすぐ終わりだと感じて、座席の上で体の向きを変えたり体を伸ばしたりしはじめた。

だが、実はそうではなかったのだ。バスは急停車をしたり後退したり細い道を走ったり運転手と助手の激しい口論があったりしたあと、二十分後にまたあのオンボロバスのところに戻ってきた。ラッセルとチャイが運転手のところに行って議論に加わった。

「……やがて目的地に着ける」

「ちょっと道に迷ったようです」とラッセルが伝えると、あちこちからブーブーいう声やヤジが飛んだ。「けれどもご心配なく。方法はあります」と彼はなだめるように言った。

乗客のあいだからさまざまな提案がなされた。チャイがラッセルの応援に立って、「バスは主要道路まで戻って、そこからやり直します」と宣言した。

「宿泊場所になっている医師用宿舎には照明がついているはずですし、途中で誰かを起こして道を訊けるかもしれません。もしそれがだめなら、照明のあるところを目指していけばいいわけです」と元気な声で言った。

こうしてバスは出直し、わたしたちはついに上へ上へと登っていく細い道を見つけた。一番明るい照明を目指して走りつづけたあげく、バスはその照明から六十メートルほど下にある行き止まりで停まった。

「着きましたよ」とチャイがほがらかに言った。

「だったらここからあそこまでどうやって荷物を運べばいいんですか」。そう訊きながら、答えは誰にもわかっていた。

ローレンがエンジンカバーから立ち上がって顔の汗をぬぐうと、「歩くのさ」と言った。「このオンボロバスから降りられるだけでもありがたいと思うんだね」

わたしの座っているところからでもエンジンの熱が感じられた。

わたしたちはローレンのあとについて降りると、バスの窓や屋根から荷物を降ろしはじめた。

疲れてはいたが、みな機嫌はよかった。暗くてどれが誰の荷物かわからないので、とにかく近くにある荷物をつかんで急勾配の細道を登りはじめた。リーが懐中電灯を持っていたので、でこぼこ道を照らしてくれた。ウンウンうめいたり石ころにつまずいたりしながら手探りで上まで登った。目指すところは二階建てのコンクリートの建物で、長方形の建物には一階も二階も端から端までベランダがついていた。裸電球に照らされたその場所はわたしたちにとって質素だが安心できる避難所だった。いくつかの懐中電灯が見つかって道の上り下りが少し楽になったので、荷物の山がどんどん大きくなっていった。最後に運ばれてきたのはミネラルウォーター入りの重い段ボール箱で、それぞれの箱に一リットル入りのビンが四本ずつ入っていた。わたしたちのバスがここに到着するまで、飲み水はこれしかないのだが、いつになったらバスが動けるのか誰にもわからなかった。

チャイとメアリーマーガレットはみなの寝る場所を確保するために建物内の部屋を調べて回っていた。キャロリンとわたしは最初の部屋を点検することにした。何の家具もないコンクリートの部屋は、設備もコンクリートでできていた。コンクリートの造り付け戸棚とコンクリートの納戸とコンクリートの流し場があって、壁の一面に木製の棚があった。コンクリートのバスルームにはごく小さな流しがあって、しゃがんでするトイレがあり、コンクリートの床の真ん中が低くなって排水口があった。屋外で使うような水道栓が壁の下のほうから突き出ていて、そばには真っ赤なビニールのバケツがあり、バケツの縁に大型の計量カップがぶら下がっていた。それを見たら、トイレやシャワーの使用法がすぐに想像できた。

ベッドは金属製の一人用簡易ベッドで、ベニヤ板の上に薄いマットレスと毛布が置かれていた。日本旅行中はやっかいな荷物だったビニールのマットと寝袋がここでは非常に重宝するだろう。ベッドの上には小さな白いタオルがきちんとたたんで置かれ、戸棚には新しいコップが二個ずつ置かれていた。こうした備品や新品の水道栓、電気があること、ビニールのバケツなどに、デヴ・ラジ・ネギや地元の人々の努力がありありとうかがわれた。わたしはここにいないこうした人々の配慮に深い感謝の念を抱いた。ひと部屋に四人から六人が寝なくてはならないが、肉体的にも精神的にも極度の緊張を強いられた今日の旅のあとでは不平を言う者はひとりもいなかった。

幸い、キャロリンとわたしはキャンプ用品を全部持ってきていたので、テントを張ることにして場所を探した。建物の前に平らな場所があって、低い石垣に囲まれている。建物に近いのでグループの一員だという感覚は失われず、しかも離れているので人に踏まれる心配はない。シャロンとダーシーもテントで寝ることにしたので、わたしたちはテントをふたつ並べて張った。

わたしが疲れた体を寝袋に入れてファスナーを閉めたのは、もう午前二時近くだった。まわりから聞こえる笑い声や話し声に耳を傾けたのは一瞬のことで、温かくて暗い眠りにすっと落ちていった。

16　カルパの一日目
——カーラチャクラがはじまり、バーソロミューが解説する

水のしたたる音がして、わたしは半ば目を覚ました。雨だ、と寝ぼけたまま考えると、寝袋の中にさらに深く入り込んだ。ポト。ポト。ポト。ゆっくりだが容赦ない音がわたしの意識の端からじわじわと入ってきて、意識の真ん中にポトンと落ち、波紋を描いた。ポト？　パラパラじゃないの？

わたしは寝袋から頭を出すと、試験的に片目だけ開けた。夜がかすかに白みかけている。ポト。ピチャ。ああ、謎が解けた。テントの中で雨が降っているのだった。水蒸気が凝縮してできた大きな水滴がテントの天井からコウモリのようにぶら下がっている。ポト、ピチャ、と防水加工をした寝袋の上に水滴が落ち、次に上を向いたわたしの顔に落ちた。

外でひそひそ話す声や鍋をカチャカチャいわせる音が聞こえたので、テントから頭を出してあたりを見回した。見るべきものはあまりなかった。湿気を含んだ厚い雲の懐にすっぽり抱きかか

えられた格好で、視界はせいぜい七メートルほどしかなかった。吐く息が白い蒸気となって出てくる。昨日は汗にまみれていたというのに、今日は凍える寒さだ。

突然霧の中から男の人が姿を現し、コップをいっぱい乗せたお盆を運んできた。お盆を下に降ろすと、わたしのほうを見てにやっと笑い、湯気の立つチャイ（注7）のコップを高々と掲げた。パブロフの条件反射のように、わたしは一瞬のうちにテントを出て、ご褒美に向かった。魅惑的なチャイの香りに誘われて、少しずつ人が集まってきた。厚手の冬服に身を固めて熱い飲み物をすすりながら、次は何が出てくるかとみなは期待に胸を躍らせた。キンナウル族のスタッフと助手がふたたび現れると、おいしそうな湯気が出ている大きな金属の容器を、用心しながら木製ベンチの上に置いた。たちまち腹を空かせた見物人たちにとり囲まれて、ふたりがもったいぶってさっとふたを開けると、スクランブルエッグと香料のかぐわしい匂いがあたりに漂った。誰とはなしに拍手が起こり、わたしたちはわれ先にと料理のほうに歩み寄った。チャイと卵料理、大きくて平たいマフィンにジャム、オートミールがカルパでの最初の食事で、今までのどんな料理よりもおいしかった。

こうして腹ごしらえができたわたしたちは、今日の儀式に必要なものを手にすると、石ころに注意しながら急な坂を降りていった。カーラチャクラの会場までの道沿いには、手入れの行き届いたリンゴ園や小さな畑が並んでいた。坂道を降りていくにつれ、朝日に照らされて霧がだんだん晴れていった。人ひとりがやっと歩けるくらいの細い道を通って樹林から出てくると、僧侶たちがひとかたまりになって立っていて、外国人用の席を身振りで教えてくれた。低い石垣を回って指定された場所に行くと、そこはちょっとした高台になっていて、眼下に見える半円形の空間には何千人もの人たちが集まっていた。その後ろには鋭くとがったヒマラヤの高峰が澄んだ青空にくっきりと浮かんでいて、途方もなく雄大な景色に圧倒されそうだった。

外国人の席はダライ・ラマの左側の、それほど離れていない一角だった。わたしたちが着いたときには、すでに大勢の人たちで混雑していて、わたしたちの右側とやや上のほうにはえんじ色や黄色の僧衣をつけた僧侶たちがいた。僧侶たちの前には九メートルもある金箔の大仏像がクリスマスツリー用の小さな豆電球をぶら下げていた。わたしたちの下方にいる老若男女の僧侶たちは毛布の上に座って、おしゃべりをしたりサンスクリットの教典を静かに読んだりしている。わたしたちの左側では青年僧たちが木の枝に腰かけ、木の下では年老いた僧侶たちが傘の下で肩を寄せ合って立っている。おびただしい数の黄色とえんじ色の僧衣が山肌をおおっていて、地元の人々の民族衣装やところどころに見える西洋式の服を圧倒していた。

法王はオレンジ色と金色で飾られた厨子《ずし》の前で足を組んで台座に座っておられた。厨子の中には弟子たちがこの儀式のために何日もかかって描いた複雑な砂マンダラがある。大きな極彩色の防水シートを柱とロープで支えて作った天蓋が、法王を風雨から護っている。会場の要所要所で武装兵士が目を光らせている姿が目立った。ダライ・ラマが静かに瞑想なさっているあいだに、聴衆は会場を次第に埋め尽くしていった。やがて法王がゆっくりと顔を上げて組んでいた手をほどかれると、カーラチャクラ灌頂《かんじょう》がはじまった。

わたしたちは石ころだらけの地面の上でできるだけ楽な姿勢を取ると、法王の話に全神経を傾けた。日射しが強く、にわか雨が降ることもあるので、会場のあちこちで傘をさす姿が見られる。法王はおびただしい数の聴衆に向かってサンスクリット語とチベット語で話され、途中で何度も英語とヒンズー語に通訳させるための時間をとられたので、法王を好きなだけ観察できた。法王はしばしば笑顔を見せられ、ときに笑い声も立てられた。非常にリラックスなさっているが、まわりで起きていることに全意識を向けておられる。見るからに弟子僧たちは法王を敬愛し、法王も同じく弟子僧たちを可愛がっておられるのがわかる。法王の心の平安が聴衆にも伝わって、わたしたちもリラックスし、何ごとも受け入れる心の準備ができた。

三時間のあいだ、わたしたちは雨にびしょぬれになったり太陽に焼かれたりしながら、仏教の基本的な教えを学んだ。その結果、前よりも賢くなったかどうかはわからないが、法王といっしょにいられたのは疑いもなくすばらしい体験だった。

カーラチャクラの一日目が無事に終わり、わたしたちは出口に向かった。すると突然、チベットの鐘とドラが鳴り響き、僧侶たちが列をなして現れたのでびっくりした。僧侶たちはご飯やチャイの入った大きなバケツを手に急な坂をかけ登っていくと、坂の上に散らばって、人々が差し出す椀の中にご飯をよそいはじめた。急な坂をあんなに重いバケツを持ってかけ登るのは不可能に思えたが、僧侶たちは何でもなかったように談笑しながら数百人もの人たちに食べ物を配っている。その姿にわたしたちの目は釘付けになった。

やっと出口にたどり着いたわたしたちは石ころだらけのでこぼこ道を歩きだした。道沿いには前が開いた急ごしらえのテントが並んでいた。中には木のテーブルやベンチがあって、食べ物がまもなく出てくるらしいのがわかる。レンズ豆のスープとチャパティを急いで食べてから、キャロリンとわたしは山を下りる大勢の人の流れに混じったが、トイレの設備がないのに困った。どんな木も藪も巨大な人の波にもまれる小さな島にすぎず、まわりから丸見えだった。どうしようか？　ついにわたしたちは地元の人々の習慣にならうことにした。

その道は町の端まで来て急になくなった。わたしたちはカルパの町に着いたと思ったのだが、ペオという町だった。道路沿いには前面が開いたキャンバス地のテントや木造の小屋が並んで、チベットの鐘や線香、銀の装飾品などといっしょに派手なポリエステルの服やビニールの靴などを売っていた。手作りの美しいショールが鍋や提灯と同じ台に並べられている。わたしたちが露店をのぞくたびに地元の人々がにこにこしながらついてきた。わたしたちが見ている物を指さしては自分たちのあいだで何かしゃべっている。ここの人たちにとってわたしたちは物珍しい存在なのだ。わたしは露店の品物を一つひとつ手にとっては感心してうなずいたり微笑んだりした。わたしが地元の人たちの民芸品を気に入ったことを知ってほしかったからだ。

午後遅く、エミーとリンに出くわして、いいことを教えてもらった。町の反対側にタクシーが並んでいて、疲れた買い物客を山の上まで運んでくれるそうだ。わたしたちは大喜びでタクシーに乗り、くずれるように座席に座りこんだ。宿に戻ると、ちょうどみながベランダに集まっているところだった。ジョージが最後に戻ってきたが、両手に一杯のお土産を抱え、満足そうに微笑んでいた。

メアリーマーガレットが毛布を敷いて座り、チャネリングをはじめたときには奇跡的にも全員がそろっていた。

「みなさん、こんにちは。さてまた、すごい体験をしましたね」とバーソロミューが言った。「あなた方は昨日、実に強烈な体験をしましたが、それが何かの役に立ちましたか」

彼は身を乗り出すと、みなを見回した。「誰か自分が感じたことを発表してくれませんか」と彼が笑顔で尋ねたので、みな笑った。

「ダライ・ラマの今日の話は忍耐心を持てということでしたから、物事が起こるにまかせなさいという意味なら、それとぴったり合います」とローレルが感情をまじえずに答えた。

「はい、良い点に気づきましたね」とバーソロミューが答えた。

「確かに昨日の体験は忍耐心のテストでした。そして法王は**忍耐心**という言葉を、物事をありのままに受け入れるという意味で使っています。イライラするのは、その瞬間に起きていることが気に入らないからで、もっと快適な瞬間に逃げたいと願っているわけです。確かに、昨日はそうした瞬間がありましたね。現在の瞬間にとどまっているためには忍耐強くなくてはなりません。批判しないでありのままを受け入れると、耐えがたいと思えた瞬間もそれ以外の瞬間と比べて良くも悪くもないのだと発見できます。それが忍耐心の報酬です」と言って彼は笑った。

「もうわかったと思いますが、あなたの役目はより良い瞬間を見つけることではなくて、現在の瞬間を批判せずにそれに意識を向けることです。それを実践した人は、そこで発見できたことに驚いたのではありませんか」

彼は背を少し後ろに倒すと腕を組んだ。

「これから日がたつにつれて、この土地のパワーが増大していくのを感じると思いますが、驚かないでください。みなさんはここに来るまでに大変な苦労をしましたが、来る前と比べて自分がもう少しリラックスし、自分の体とのつながりが深まったことに気づくはずです。あなた方の世界とここの人たちの世界とのあいだには大きな差がありますが、リラックスしてここの世界の良さを味わうことも可能です。昨日あのような体験をしたので、もうここの世界に充分感謝している人たちもいるようですね」

そう言って、彼は微笑んだ。

あなたはひとりぼっちではない

「さて」と彼は話を進めた。

「今朝のダライ・ラマの法話について少し話したいと思います。今日の法話の中でおもしろいと思ったのは、仏陀が望むことをすれば喜びがあるという話です。仏陀は何を望むのでしょうか。あなたが自分の本質は〝空《くう》〟ということを体験し、さらにどこまでも慈悲深く親切であることです。この点についてダライ・ラマは、仏教では偉大な覚者が常に助けの手を伸べていると指摘しましたが、ほかの宗教でも同じです。二千五百年前に仏陀が悟りを開いたときと同じ覚醒意識が現在もあります。仏陀のエネルギーもわたしたちのまわりにあって助けの手を伸ばしています。ですからこうした援助の手が伸びていることを忘れないでください。仏陀だけでなく菩薩たち（注8）もみなあなた方を導こうと控えています。

こうした話をするのは、ダライ・ラマに象徴される生きた仏教では、人々は偉大な覚者からの支援に支えられているという事実を指摘するためです。仏教徒は仏陀や菩薩にいつも助けを求めます。あなた方と違うところは、仏教徒は助けを求めたら助けが来ると信じている点です。それに反して、あなた方の多くは祈りが応えられるとは期待していません。その結果、実際に助けの手が伸びたときには、その人はもうどこかに行ってしまっています。そこでインドにいるあいだに実践してほしいのは、まず偉大な覚者を誰かひとり選んで、覚醒を手助けしてくれるように頼んでください。人間以外のものを選んでもいいですよ。たとえば〝大いなる光〟や自分の中の〝真我〟でもいいです。とにかくひとつ選んだら、それに専念してください。

この中には、この理論を試す機会が訪れる人もいるでしょう。何しろ、過去に助けを求めたが誰も助けてくれなかったと感じている人もいるようですから。助けの手が本当に伸びているのかどうかを確かめるには、自分がどんな**助けや導きを必要とし、望んでいるのか**をまず知ることです。それから意識をとぎすまして、良い結果が生まれる可能性を受け入れてください。愛や思いやりの心、安らかな心や明晰な精神、どんな悩みや問題が起きてもありのままに人生を受け入れる態度などを求めてください。こうしたものはあらゆる瞬間の中に常に存在し、今この瞬間にあるので、簡単にもらえる贈り物です。そうしないのはまるで、家に新車があるのに、暑苦しい満員バスに乗って通勤するようなものです。そうしたければバスに乗ってもいいですが、ベンツで通勤することも考えてみたらどうでしょう。

人々が助けを求める声に応えるのは仏陀が得意とする分野です。それはキリスト意識の得意分野でもあり、〈わたし〉(〝I〟)が得意とする分野でもあります。こうしたチャネリングは、あなた方の頭の中にある概念や観念を扱う分野なので、わたしにとっては二次的な仕事です。概念や観念はそれはそれでよいのですが、限界があって、魂の目覚めを直接体験するような強烈さに欠けます」と言ってバーソロミューはちょっと微笑んだ。

「そこで、ここは仏教徒の国ですから、仏陀を例にとって、覚醒がどのようにして起こるのか話したいと思います。

ヒマラヤに巨大なお釈迦様が住んでいて、巨大な耳をすまし、巨大な目を光らせて、あなた方がお釈迦様のほうをちゃんと見ているかどうか観察しているという話はウソです。けれども、仏陀が自分自身よりもはるかに膨大なエネルギー源の存在に気づいたという話は本当です。彼はその瞬間、どんな制限もない果てしない無限を体験しました。仏陀が見えない世界に意識を向けてみると、そこにあったのは彼を悟りへと導いてくれた無形のパワーでした。それと同じパワーが**今も存在していて**、ひとつの流れの一環として、あなた方の目覚めを助けてくれます。仏陀は自分を助けてくれたエネルギーに感謝し、今度は自分がほかの人たちを助けてあげられることを喜んでいます。このようにして流れがつづいていきます」

師を持つとはどういうことか

「今日、ダライ・ラマは『師を持たずして目覚めることはできない』と話しましたが、これは人によってさまざまな解釈がなされる言葉です。

では、〈師を持つ〉とはどういうことでしょうか。それは、自分ひとりの力で目覚めることができると信じている部分を捨て去って、助けを求めたという意味です。自分の無力さを認めて、助けを呼び求めたということです。この旅行が順調に進んでいる理由のひとつは、物事がうまくいきそうにないとわかると、チャイがためらわずに『助けてください』と言うからです。彼女の開かれた心の訴えに人々は彼女の人柄を感じ、それに喜んで応えます。チャイにそうした助けを求める広い心がなかったら、もっともっとひどいことになっていたでしょう。必要なときに助けを求めることは、その人の成熟度を示すバロメーターのひとつです。自分ひとりで何でもできるつもりでいると、不必要な苦しみを味わうことになります。

では、あなた方はそれぞれどんな師を必要としているのでしょうか。答えは人によって違うでしょう。あなた方の中にはこのバーソロミューを師とみなしている人もいます」と言って、彼はメアリーマーガレットの肩をたたいた。

「わたしたちとしては、師という代わりにヘルパーという言葉を使いたいと思います。ただ概念を教えるのではなく、いつでも助けの手を伸ばす用意のある者という意味で、ヘルパーです。〈バーソロミュー〉というエネルギーがメアリーマーガレットを通して語りかけるという形でのアプローチをやめることにしたのは（訳注1）、ひとつには、バーソロミューからの援助が彼女の体を通してしか得られないという考えを取り除きたいからです。わたしと話すのに**自分以外の人間**の存在は必要ではありません。バーソロミューの助けを求めるには心を開いてそう決心するだけでよいのだと知っていると、ほかの人たちが仏陀やキリスト意識の助けを求めるのと同じやり方で助けを得ることができます。

この中には、過去に宗教的指導者といわれる人たちとのあいだで不愉快な体験をしたために、どんな種類の教師にもつきたくないと感じている人もいます。その気持ちはわかります。わたしがここで偉大な覚者に助けを求めることを勧めたからといって、そのことで悩まないでください。自分はもう〝大いなる一《ワンネス》〟とつながっている、または肉体を持つ人間は信用できないと感じるため、師につくのは自分には向かないと思う人は、どうか〝大いなる一《ワンネス》〟や〝空《くう》〟や〝形なき世界〟につながったままでいてください。火がすでに燃えているときにマッチはいりません。

この点を真剣に考えてください。こうしたエネルギーは結局は友人にすぎません。仏陀やキリストやラマナ（訳注2）、そしてバーソロミューでさえも、あなた方に手を貸す友人にすぎません。覚醒意識の深みを分かち合いたいと思っている似たような魂の意識にすぎません。何も特別なことはありません。隠れた意図もなければ罠もありません。わたしたちを何か特別のものにすればするほど、わたしたちとあなた方との距離が開きます。この宿題を単なるアイデアとみなして、すぐに忘れてしまわないように願います。これからの数日間、何か目に見えないものがいつも自分のまわりにあって、自分を完全覚醒に導こうとしているのだと信じて過ごしてください」

バーバラが手を挙げて、「わたしは〝大いなる無限〟が好きです」と言った。

「それだと一体感を感じます。偉大なる覚者の中にも気に入った人がたくさんいます。そうした覚者はわたしの友人、親しい友だと感じます。ときには人間の友だちよりよっぽどいいです。この前、チベットの神託師に会ったとき、まるで古くからの友だちに会った気がしました。神託師の話を聞いていたら実に深い愛が感じられて、心を開いてできるだけたくさんの愛を取り入れようじゃないか、と自分に言い聞かせました。でも心を開いているときには、同時にまわりの人たちのエゴも感じてしまいます」

「ああ」とバーソロミューはため息をついた。

「エゴという言葉であなたの意味するものが、周りの人たちのエゴだけで、自分のエゴでないのだとしたら、あなたはまだわかっていません。あなたが感じているのは**あなた自身のエゴ**であって、まわりの人たちのエゴではありません。あなたはほかの人のエゴとして感じていますが、それはあなた自身のエゴをまわりの人たちが鏡に映し出してくれているのにすぎません」と言って彼は苦笑した。

「いいですか。ひとつの巨大なエゴが意識の中ではいくつもの小さな個別のエゴとして現れます」と彼は身を乗り出した。

「これはとても大事な点ですので、よく理解してください。誰かほかの人のエゴに対して嫌な感じがしたら、それは自分の一部でもあるのだと理解してその事実を受け入れなくてはなりません。あなたと無関係の、まったく別の未知のエネルギーではないのです」

「でも、まわりの人たちのエゴがわたしにぶつかってくると感じるんですが」とバーバラはじっくり考えながら言葉を発してから、「子どものとき、愛を感じてそれをほかの人と共有したいと思ったのですが、心を閉じたままにしておいたほうが安全だと感じました」と言った。

「あなたが話していることはとてもよく理解できます」とバーソロミューは彼女に向かって静かに言った。

「あなたにとってこの世の中は苦しみに満ちたところだと感じることが多かったですね。何が本当に起きているのかが理解できるまでは、心を開いてまわりの人々の感情に敏感であるとつらい思いをすることがあります」

彼はわたしたちのほうを向いた。

「この点をもう少し詳しく説明しましょう。誰かから嫌なことを言われたときにまず覚えていてほしいのは、その言葉はあなたについて語るよりもそれを言った本人についてより多くを語っているということです。その人は、あなたが反映している自分の一部を認めたくないと抵抗しているのです。残念ながら、その人は、自分がこういうふうに感じるのはあなたが何かしたからだと主張します。でもそれは真実ではありません。これはみなさんに覚えていてほしいことですが、おたがいが鏡となって相手を反映しているのだとしたら、苦しみを止める唯一の方法は、その苦しみは自分の中にある怖れであり自己防衛に走っている部分なのだと理解することです。もっと極端な言い方をすれば、ほかの人からの攻撃を自分に向けられたものと思わないことです。自分の本質が何かという〝大いなる真理〟にあなたが目覚めるまで、そうした攻撃がやむことはないでしょう。

自分が病気になるのはこうした他人からの反映に抵抗するからだ、という真理に人はなかなか直面しようとしません。あなた方は、自分の闇の部分を反映しない人たちでまわりを固めようとします。けれどもやがていつかは、自分に起きていることは自分の中から出たものだということを認めざるを得ない日が来るでしょう。それはまた、あなたの愛や美しさが反映されたすばらしい瞬間に関しても同じことが言えます。

では、どうすればいいのでしょうか。心の平安を得るためには、自分の中やまわりで起こることすべてに心を開き、それらに意識を向けなくてはなりません。静かにその瞬間に意識を向けていると、そこで話されていることの真理が聞こえてきて、エゴが自己弁護をしようと勝手に解釈するのを避けられます。そうすると物事がはっきりと見えてきて、平安が訪れます」

デヴの手がパッと挙がった。

「その場合、相手の言っていることに注意を払うのですか。それとも相手の話がもたらす自分の感情に注意を払うべきなのでしょうか」

「全部を見てみなくてはなりません。というか、むしろ、すべてを静かに観察する必要があります」とバーソロミューは答えた。

「たとえば誰かからうるさい人だと言われたとします。そう言われても何ともなかったら、何の反応を示す必要もありません。人がどう思おうが気にしない、または、うるさい人だと思われても平気な場合がそうです。その反対に、人から間違っていると指摘されて腹が立ったとします。過去にほかの人から、間違っている、バカだ、冷たい人だ、おかしい、変わり者だなどと言われたことがあったので、腹が立つのかもしれません。その場合、間違っていると言った人はあなたの心の傷を映し出す言葉を放ったわけです。心の傷はすでに存在していて、ふたたび刺激されるのを待っていたのです。その言葉は過去の心の傷をあなたに思い出させる言葉だったわけです。その人があなたを傷つけるわけではありません。その瞬間あなたにできることは、過去の心の傷を認めると同時に、その人が自分を傷つけたのではないと理解することです。こうした大局的な見地から心を開いて感情を観察すると、相手に対して感情的になったりもめ事を起こしたりすることが少なくなります」

幸福を確実に手に入れる方法

「もめ事の可能性を減らすには、人にやさしく親切にすることも選べるのだと思い出すことです。エゴが前面に出ると、やさしさや親切などどうでもよくなります。エゴは言いたいことを遠慮なしに言います。ダライ・ラマは今日この点に関してすばらしい話をし、人にやさしく親切にしたほうが人生がうまくいく、ただそれだけのことだと穏やかに説きました。不親切なことはいけないから親切であれ、とは言いませんでした。ダライ・ラマが親切であれと勧めるのは、親切な人のほうが幸せになれるからです。親切だと、その結果、幸せで楽しく、ダイナミックで素直な瞬間がつづきます。人生のゴタゴタを捨てて、人にやさしく親切にしましょう。やさしさがほんのちょっとしかつづかなくて、すぐ恨みたくなっても、それなりの成果が生まれます」

バーソロミューは後ろによりかかって楽な姿勢を取ると、話に調子が乗ってきた。

「ダライ・ラマはまた、やさしさのこもった親切心は単に親切な行為をすることではないと言いました。やさしく親切であるというのは、人の力になりたいというやさしい気持ちのことで、心の底からわき起こってきて人を親切な行為に駆り立てます。親切な行為をするのは、それが**善いことだからではなく**、そうすると**気持ちがいいから**です。自分が幸せになるために親切になりましょう。人にやさしく親切にすればするほど、ますます幸せに感じます」

「ということは、わたしが思いやりを示すと、わたし自身が思いやりなのだ、というわけですか」とデヴが訊いた。

「まさにその通り」とバーソロミューは同意した。

「あなたが思いやりそのものだというだけでなく、思いやりというのはごく普通の意味で自然にわき起こるもので、簡単に感じることができます。それはあなたの本質の一部なのですから、自然でないはずがありません。思いやりはあなたが生み出すものではなく、すでにあなたの中にあるものです。それはあなたの本質であって、あなたがこれからなろうとするものではありません」

リンが手を挙げて、「たとえばこういう場合はどうですか。何かが自分に向かってきて、それに対して感情的に激しく反応するとします。このように激しい感情にとらわれているときに、そうした感情をさっと捨てて、やさしく親切な態度に戻ることが可能ですか。それともまずは自分の感情を充分に感じ取ったほうがいいですか」と尋ねた。

「あなたに理解してほしいのは、あなたはこの〈一瞬〉の出来事だけに反応しているのではないということです。過去に起きた似たような出来事のうち、あなたの体がこれまで処理しきれなかったものの総量に対して反応しているのです。体の細胞が蓄積してきたそれらのイメージにあなたは反応しているのです。不快な出来事が自分の身に起きたとき、頭《マインド》はそれを〈攻撃〉と解釈し、細胞に伝達します。すると、あなたの体も心も細胞もぎゅっと緊張して固くなります。その瞬間、現在起きていることに加えて、記憶にある過去の出来事がすべてよみがえるからです。心のイメージが細胞の反応を誘発して、細胞は緊張し、内にこもり、外界を遮断します」

バーソロミューは微笑んだ。

「みなさん、感情をさっと捨てることができますよと言いたいところですが、残念ながらできません。少なくともまだできません。人にやさしく親切にすると同時に、自分に対してもやさしく親切にしてください。相手に対する自分の反応の中には、現在の瞬間に起きている以上のことが含まれていることを忘れないでください。それが理解できると、その出来事をもっと客観的に見られるようになり、やがてそれが相手からの攻撃ではなく、すべて自分の中の問題だと気づくようになります。相手はパンチを送ってよこすかもしれませんが、それをどう受け止めるかはあなた自身の問題です。自分が関わるあらゆる出来事は自分の責任なのだと気づくには、相当の練習と決意が必要です。

　ですから体が反応するときの緊張やプレッシャーをどんどん感じてください。怒ったりイライラしているときに体が熱くなるのに気づいてください。落ち込んだり不安になったりしたときに体が冷たくなるのに気づいてください。**自分の体が今どういう状態なのか**、注意を払いましょう。体に注意を払うことによって、思考《マインド》から逃れることができます。思考《マインド》をやめると、コンピューターのように瞬時に自動処理する頭脳活動がショートを起こして、今までなかったものが出てくる可能性が生まれます。問題や葛藤が起きたときに、愛と思いやりと癒しの精神で対処する術を学ぼうではありませんか。最終的には、まわりの人間に親切で思いやりのある行動を取らせようとするよりも、自分自身でその責任を負うほうが実現の可能性が高いです。自分を愛し尊敬してくれるやさしい人たちをまわりに集めて、完璧な人生を設計したつもりでも、いつかある日、スーパーマーケットであなたをカンカンに怒らせる人に出会うでしょう」

「黙って人のなすがままになる〈意気地なし〉にならないで、親切な人間になるにはどうすればいいですか」とチャイが質問した。

「誰かからひどいことを言われたら、へなへなと倒れて小さな子どものような態度を取る必要はありません。耐えがたいほど否定的なことを言われても、精神的に強くて揺るぎない態度を取ることはできます。相手に向かって一番強い態度でものを言いたかったら、『君の言ったことは充分考えてみるよ』と言うことです。このように答えると、結局は、相手の言葉は自分が自分に向かって言った言葉なのだと思い出させてくれます。またその態度は、そこで提出された問題を検討する意志があなたにあることを示し、状況をただちに一段と大きな視野の中に入れます。意気地なしは、『君の言ったことを検討してみるよ。その後でまた話し合おう』と言ったりはしません。こうした態度はものわかった大人の態度を示しています。そこには犠牲者は存在せず、誰が上で誰が下ということもありません。対等な人間同士が自分自身を理解するためにいっしょに創造した状況に対処するだけです。

あるいは、相手に言い返さないことを選ぶこともできます。あなた方はあらゆる面において対等だということを忘れないでください。あなた方はみんな狡猾なエゴを持っているという点でも対等です」

彼はみなを見回して笑った。

「あなたのエゴは、自分はほかの人間よりほんの少しましだと思っています。はるかにましではないが、ほんの少しだけましだと。さらに、自分は何でも知っているのでまわりの人間の生き方にあれこれ口を出す権利があるのだとエゴは主張します。**人が他人の人生についてあれこれ批評**

するのは、自分のほうがものがわかっていると本気で信じているからです。これはとてもおもしろい人生ゲームで、このゲームは誰もが演じています。なぜでしょうか。おたがいに相手のエゴを鏡に見せて、そうしたゲームが**何にもならないつまらないゲーム**だということを理解させるためです。こうしたゲームを演じつづけると、心の平安は絶対に得られません。そのことがはっきり理解できたときに、人はこのゲームをやめます。そこではじめて、人は混沌の向こうにいつも存在するものに気づきます」

バーソロミューは突然話をやめると、後ろを振り返った。もやが晴れて、キナウル・カイラス山の切り立った頂が白い雲のあいだから顔を出したところだった。薄いベールの切れ端のような形をしたもやが山頂から吹き飛ばされて、山がはじめてわたしたちの前に姿を現した。

「ああ、美しい」とバーソロミューはため息をついた。

「ああ、美しい」とわたしたちも繰り返した。

わたしたちは長いあいだ黙ってそこに座り、この壮大な山から流れてくる空気を胸いっぱい吸い込んだ。

バーソロミューはわたしたちのほうに向き直ると、やさしい声ながらも力強く言った。

「**ワクワクすることが常に**起きていますから、意識をいつも現在の瞬間に向けていてください。

目覚めた意識で一瞬一瞬を過ごしてください。目を覚ましましょう。自分の中に**常に存在する創造のパワー**に気づいてください。意識しているいないにかかわらず、あなたは人生のあらゆる瞬間を創造しています。あなたの人生が今の状態であるのは、あなたがたえずそのように創造しているからです」

彼はまた身を乗り出した。

「自分の意図に気づきましょう。友だちに完璧を期待するのはやめましょう。自分自身や**自分の動機**を注意深く調べてください。なぜ相手をぎゃふんと言わせる言葉をそんなにも言いたくて仕方がないのでしょうか。人に対して言ったりしたりしたことはいずれ自分に返ってきます。あなたの言動を創り出したのは**あなた自身**ですから、それはあなたの一部として残ります。子どもが永遠に親の一部であるのと同じです。自分のエゴが生んだものから離れることはできません。

他人を批判するとき、エゴはその批判が自分にも向けられていると感じます。他人に対してあなたが考えることは自分自身に対しても考えているとエゴは知っています。あなた方はみなおたがいの鏡であることを忘れないでください。自分が人に送ったものを自分も受け取るのです。やさしさと親切心を人にやろうと思うのであれば、あなたもそれを受け取ります。あなた方はまだ、自分がキリストの**一部であり**、仏陀の**一部であり**、神の**一部であり**、〝大いなる光〟や〝大いなる愛〟の**一部だ**ということを信じようとしません。自分はエゴに振り回されている有限の存在だというふりをしています。広大無辺のパワーに動かされることを選択できるのに、です。もちろんいつでも有限のパワーの代わりに無限のパワーを選べます。あなた方はあらゆる瞬間にこうした選択を行っており、いつも言うことですが、これはあなた次第です」と言って、バーソロミューは一息つくと、あたりを見回した。

「質問やコメントがありますか」

「どうすれば目覚めた意識に気づくことができますか」とジムが訊いた。

「目覚めた意識に気づくというのは、すでにもう目覚めた意識から一歩離れています」とバーソロミューは答えた。

「その質問自体、あなたにはふたつのものがあることを意味しています。目覚めた意識とそれに気づくものです。それよりももっと直接的なものが望ましいです。思考を捨てて心を静めてください。さらに深く沈潜しましょう。そして気づきましょう。思考や感情や行為がわき起こってきても、もとの静寂に何度も何度も立ち返ってください。自分の意識の前面に目覚めた意識が出てくるまで、そしてあらゆることが目覚めた意識の中で起きているのだとわかるまで、何度も静寂に戻ってください。現在のあなたはこれとは反対の世界に生きています。あなたの意識の前面には、いつか消えてしまう人生の有限な創造物があり、目覚めた意識はどこか後ろのほうに隠れています。想念の創り出すイメージを映し出すスクリーンがあることにはっきり気づけば、鮮明なイメージを見てもそれに感情や行動を支配されないようになります。あなたの意識が永遠で平和で無限で死を越えたものの中にあれば、そうしたイメージがあなたを揺さぶることもありません。実践しつづけてください。それは思考でも感覚でもありません。とても言葉では描写できないものです」

「至福はどうなんですか。至福も常に存在するんじゃないんですか」とベランダの後ろのほうからエミーが尋ねた。

「目覚めた意識の至福は感覚ではなく、体験そのものです。至福を感じることができるとしたら、至福のない状態も感じることができるわけです。感覚というのは二元性の世界に属するもので、生まれたり消えたりします。わたしが言わんとしているのは、この世の二元性を超越したものです。いつものことですが、言葉がここで障害になっています。**目覚めた意識とは、常にあらゆるものを体験しているものです**。わたしがあなた方にお願いしているのは、目覚めた意識に目覚めた意識を体験させてくださいということです。目覚めた意識の中で起こる思考や信念や感情を体験するのではなくて、目覚めた意識を体験する至福を目覚めた意識に味わわせてください。とてもややこしく聞こえるのはわかっています。でもとにかくやってみてください。そうすると、いずれ〈すべてが明らか〉になります」

現代の平和の皇子

「ダライ・ラマとここでいっしょに過ごしてみて、どうですか」とわたしは訊いた。急に好奇心がわいたのだ。

バーソロミューはアッハッハと笑った。「とても楽しいですね。すばらしい人です。ダライ・ラマはとっても大きいですよ」と言ってわたしのほうをいたずらっぽい目で見た。

「わたしたちは昔からの友だちだと言ったらわかりますか。半分冗談ですが、興味深い点なのでもう少し説明しましょう。非常に深いレベルから言うと、これはナンセンスです。というのも、ダライ・ラマの意識がバーソロミューの意識と別であるはずはないからです。〃大いなる一《ワンネス》〃しかありません。ダライ・ラマは肉体を持つことを選択したので、彼の仕事はわたしのよりむずかしいです。気を悪くしないでほしいのですが」とバーソロミューはまた笑いながら言った。

「ご存じのように、肉体はそれ自体、ある種の重荷を抱えています。ダライ・ラマの役目はこの世にあって肉体を持ち、特定の仕事を通して達成されるものです。あなた方がしたように、ダライ・ラマも無限の存在でありながら有限の姿を取ることを選びました。

けれども現在のところ、彼はあなた方よりもはるかに意識が開かれており、直感にすぐれています。まったく執着のない分野がたくさんあって、さまざまな種類の人間や考え方、出来事や観念などにユーモアの精神と穏やかな笑顔で対処することができます。この世の相反する価値が生まれたり消えたりするのに抵抗しません。ダライ・ラマはどちらか一方の価値を好んだりはしませんが、世界中を旅行して回るのは、ひとつには世界を自分の無限性の中にできるだけ取り入れようとしてのことだと思います。世界中を歩き回ることによって、ダライ・ラマは世界の人々を祝福しているとも言えるかもしれません。

ダライ・ラマが訪問する国は必ずしも彼の考えに同意したり理解を示したりするわけではありませんが、多くの人々に会うことを通して、ダライ・ラマは平和への可能性を生みだしています。彼は現代の平和の皇子（訳注3）です。彼は困難な仕事をやり遂げようとしているのですから、大いに敬意を払うべきです。あなた方はダライ・ラマが非常に愛されている地域にいますが、訪問する国によっては、ダライ・ラマは人々からバカにされたり非難されたり冷淡な扱いを受けたりします。つばを吐きかけられたり、お付きの者に石が投げつけられたりしたこともあります。それにもかかわらず、ダライ・ラマは世界各地を訪問して人々に平和の祝福をもたらすことをやめようとしません」

リシが手を振ってバーソロミューの注意を引くと、「ダライ・ラマは同じ魂が何度も生まれ変わってきているのですか」と質問した。

「何百万という仏教徒にとって、そうした考えは自分たちの宗教観とぴったり合います。というのも、非常に慈愛深い信頼できるパワーを持つものがいつも戻ってきてくれることを意味するからです。そういう見方もできます。しかしもっとも高いレベルから言うと、不可能なことです。仏陀自身が、いくつもの人生を渡り歩く魂というものは存在しないと言っています。もう少し正確な言い方をすれば、先に亡くなったダライ・ラマの一部が今回の人生でダライ・ラマ十四世と呼ばれる有限の姿を取ることを選び、残りの膨大な部分は今現在、ほかの次元に存在しています。わかりますか。

ひとつの小さな魂がこの人生からあの人生へと渡り歩くというのは非常に狭い概念です。実際はそれよりはるかにすばらしいです。ダライ・ラマの一片が、教えや指導者としてのパワー、自分が演じることになっている役割の自覚などをたずさえて地球に戻ってきますが、それよりはるかに大きな部分があって、いろいろなことをしています。ついでに言うと、あなた方の大部分もいろいろなことをしているのですが、あなた方はそのことを忘れています。あなた方はいくつもの次元で豊かに生きていて、別のすばらしい潜在的な可能性を通して現実を創造しています。ダライ・ラマはこの無限の可能性についてよく知っているのですが、あなた方は忘れることを選んだというわけです」

バーソロミューは上体を起こすと水を一口飲んで、「みなさん、今日はすばらしい集会でした」と言って話を終わった。

「とてもよい質問が出ました。ありがとう。みなさんがとても困難な状況にありながら、愛とユーモアの精神を失わないでおたがいを支え合っていることを喜ばしいと思います。ではまた明日会いましょう」

バスはともかく、コックはどこだ？

チャイが立ち上がって、夕食の計画を発表した。一時間後に集合、今朝通った山道の中程まで歩いて、カルパで食事をするという案だ。食べ物のあるところを知っている人はほかに誰もいなかったので、この計画は即座に賛同を得た。出かける準備もたいして時間はかからなかった。体を洗うには氷のように冷たい水をバケツにくんで浴びるのだが、あちこちから聞こえてくるヒェーッという声で、誰がそれだけの勇気があったかがわかった。わたしたちは濡れた髪のまま頬を真っ赤にして集合場所に集まった。足には登山靴をはいている。さあこれから夕食へ向かうのだ。

チャイが先頭に立って歩いたが、今度はいくらかゆっくりと山道を降りていった。時間に余裕があったので、道ばたに点在する青灰色のスレート瓦を乗せた石造りの家々を眺めることもできた。たまにドアや窓が派手なペンキで塗られていて、モノクロの風景の中でひときわ目立った。町に着いてひとつしかない交差路に立ったとき、間口の広い一軒の店がわたしの目にとまった。ジャガイモや唐辛子の入った麻袋が扉の横に立てかけてあり、薄暗い店内の棚にはブリキの缶がいくつか置いてあるだけだった。埃だらけのカウンターの両脇には小さな段ボール箱が置いてあって、カウンターの後ろから店の主人がちらっと手を振った。

わたしたちも挨拶を返してから裏道に降りていき、天井の低い部屋に入った。テーブルが大きなU字型に並べてあった。わたしたちはでこぼこの土間に椅子をガタガタいわせながら座った。ここがカルパのたったひとつのレストランらしい。ただちに、キンナウル族の男たちが数人、お盆にチャイとジュースを乗せて現れた。しばらくすると、例によってご飯とレンズ豆のスープとチャパティが運ばれてきた。わたしは失望のため息をついてベルトを一段きつく締めると、ウエイターのお盆からジュースを二箱つかんだ。

疲労が一度に押し寄せてきた。精神的には充実した一日だったが、肉体的にはとても疲れた。早く宿舎に戻って寝袋に入りたかった。レストランを出たころにはとっぷりと日が暮れ、真っ暗な夜空に星が水晶のように透明に輝いていて、数えるほどしかない町の照明も邪魔にはならなかった。手に懐中電灯を持ち、わたしたちは山道を一列に並んで宿舎に戻った。

みなが寝静まって風のそよぐ音しか聞こえなくなったころ、暗闇の中に一条の光が漏れていた。メアリーマーガレットのバスルームの窓から漏れる光だ。中ではメアリーマーガレットがダッフルバッグを椅子代わりにしてコンクリートの壁に寄りかかっていた。目は閉じられ、膝には日記が開かれたままだ。数分後、彼女は目を開けて日記に次のように書きつけた。


　今晩、実にいろいろな感情を感じる。すべてに深い感謝の念を抱きながらも、体は温かいお風呂を恋しがっている。まるで夢の夢だ。すばらしい日だった。法王の前では〈何ごとも可能〉と感じられる不思議さ。わたしたちのグループに会ってくださったときの法王の笑顔を見ているだけで、わたしは意識が澄んで生き生きとし、何ごとも可能だという気がした。体が不快で暑くて疲れてお腹が空いていることさえ、ある意味で、かえって気持ちがよい。おかげであらゆることがとても現実感をもって感じられ、同時に異質だ。この異質の状態がとても気に入っている。その結果、普段の観点が失われて、安全圏にとどまっていられない。法王から強烈なエネルギーがわたしたちみんなに流れてくるのを感じて、泣けてくる。感謝の涙だ。わたしをこの瞬間、この暑くて埃まみれた不思議な谷間の土地まで導いてくれた何らかの力に対する感謝の涙。何という幸運。まったく信じられないほどのすばらしい幸運だ。

このカーラチャクラ灌頂《かんじょう》の複雑な段階や意味がよくわからないので、わたしにできることは、心を開いて、耳ではなく心で聴くことだけだ。言葉ではなく内なる静寂に耳を傾けること。七千人あまり（アジア人も含む外国人が百五十人）の聴衆が生み出す騒音の真っ直中にあっても、その底には静寂が流れているようだった。法王の静寂だと思う。法王の口から言葉が流れてくるが、法王は静寂そのもののような気がする。

壮大な山々。ああ、その静寂をどう描写したらいいのか。この灌頂《かんじょう》はこのキナウル・カイラス山の山頂から世界に向けて送り出されたのだと思う。ということは、この教えを支える広大無辺のパワーへの入り口がこの雪をいただく山頂に大きく開かれているということだ。

雲に姿を隠している山の壮大さを実感するとき、わたしは白い山頂に怖れを感じる。あまりにも雄大で、存在感があり、何かに満たされている。この何かは言葉や概念や哲学とはまったく関係ない。それはただそれであるだけだ。自分が怖れていることに心の一部では驚きながらも、別の部分では、ヒマラヤのカレンダーを見るたびに同じような怖れを感じたことを思い出している。過去世によるものか。単なる怖がり屋ということか。それともこのような強烈なパワーに直面したときにちっぽけな人間が感じるのは怖れであって当然ということか。それは誰にもわからない。ひとつ確かなことは、逃げ道がないので、二、三日もすればこの感情をもっとよく理解できるだろうということだ。わたしの〈裏口〉のドアに釘を打って逃げられないようにしたパワーに弱々しく敬意を表す。とにかくこのいのちのダンスをやりとげるつもり。シバ神と法王とわたし。呼吸せよ、メアリーマーガレット。ただ呼吸あるのみ。

（注7）熱くて濃いチベットの紅茶で、エバミルクとスパイスが入っている。
（注8）高度の叡智と愛と慈悲を獲得した結果、他の人々を悟りに導くために転生の世界にとどまることを選んだ覚者。ジェイン・パーキンズ著『亡命のチベット』より

（訳注1）バーソロミューは、一九九五年を最後としてメアリーマーガレットを通じてのチャネリングは終了すると宣言した。

（訳注2）ラマナ・マハルシ。今世紀最大の覚醒者と言われるインドの導師。一八七九〜一九五〇。

（訳注3）「平和の皇子」という呼称はイエス・キリストに対してよく使われる表現で、特にクリスマスの時期にそう呼ばれる。

17　カルパの二日目——言葉にできないものを言葉にする

バーソロミューは深呼吸をひとつして、「みなさん、こんにちは」と言った。

「まずはじめに、今日の法王の教えについて少しコメントしたいと思います。ダライ・ラマはイメージ法についてすばらしい話をしました」

バーソロミューは両手の指を合わせてみなを見回した。

「科学を尊重する西洋社会では、イメージ法は単なる空想にすぎず、ナンセンスで、現実とは何の関係もない想像の産物だ、と一般に考えられています。法王の話に、タントラ（注9）では完全覚醒へのまったく正当な手段としてイメージ法を使うというのがありました。そしてすべての人の中に生かされずに眠っている視覚化の能力を使う方法が説明されました。

あなた方の頭脳《マインド》は科学に洗脳されて、視覚化の能力を二次的なものと考えがちなので、この能力が生かされていません。けれどもイメージ法は、ストレスを感じているときや、怖れや自己憐憫、怒りや恨み、苦悩などを感じているときに非常に役立つと思います。いわゆる〈否定的〉な心理状態から本気で抜け出したいと思ったら、自分の外側に何らかの覚醒パワーを持つ存在をイメージに描くことで抜け出せます。**全意識**を使ってこのイメージに完全に意識を集中すると、限られた小さな自己の視点で現状を解釈している状態から抜け出せます。あなた方には、小さな自己の知らないことを知っている友が高次元の世界にいます。

あなた方の中にはイメージ法の持つ力をすでに体験した人もいます。ちなみに小さな子どもたちはこの方法をとてもよく知っています。子どもたちはイメージ法が上手すぎて、いわゆる一般に現実と呼ばれるもの（検討を要する言葉ですね）と自分にとって本当だと思えることとの違いがわからないことがよくあります」

バーソロミューはクレアのほうを指さした。

「あなたの息子さんの話がそのよい例です。息子さんには天使が見えただけでなく、天使がとってもたくさんいると話したそうですね。小さいときに似たような経験をした人もいるでしょう。誰でも、そうしたことを信じる自分の部分に戻って、ふたたび見えない世界からの助けや慰めを得ることもできます」

バーソロミューは体をぐるっと回転させて山のほうを向くと、「あなた方のまわりにいるパワフルな神々たちを見てごらんなさい」と言って手を振り上げた。

「この地方の店にはこれらの神々を描いたすばらしい仏画が並んでいます。仏像には象徴的な意味がたくさん含まれていて、なかでも仏像の腕は仏画の中で何よりも重要な意味を含んでいます。

これら天界の神々たちはときに百本も千本もの腕をもって描かれています。なぜでしょうか。それは、これらの手は、完全覚醒を目指して努力している人たちに無条件に助けの手を伸ばしていることを表しているからです。ほとんどの文化では、手は人を慈しみ育て、人を癒し、人を愛し、人にあたえます。限りない豊かさを持つこれらのすばらしい神々をイメージに描いて、神々の慈愛に包まれ育てられ導かれ愛される可能性が無限にあるのだと心を開くこともできます。こうした神々の姿はあなた方が求めている覚醒への扉であり、そのイメージを使って覚醒への道を見つけることができます」

彼はそこで一息ついた。

「今日のダライ・ラマの法話の中でもうひとつ、わたしがコメントしたい点があります。それは覚醒を得るには何らかの霊性進化の道を歩む必要があるという教えです。そうした道を歩みはじめたとたんに、道自体がいのちを吹き込まれて、神から分離されているという幻想を打ち壊し、偽の自己を取り巻く華やかさや自分の本質がわからないという無知などを乗り越える手伝いをしてくれます。わたしがこのような話をするのは、自分は特定の霊性進化の道を歩んでいないと思っている人にとってダライ・ラマの法話は受け入れがたいものだからです」

彼は身を乗り出した。

「〈道〉という言葉をできるだけ広い意味で解釈してください。もちろん今日の法話ではダライ・

ラマは仏教徒の道について話しましたが、それは立場上そうしなければならないからです。何といっても彼は仏教徒なのですから。けれどもほかの宗教に心を惹かれている人たちにとっては、その宗教がまったく正当な道なのだとダライ・ラマも同意するに違いありません」

彼は少し後ろに寄りかかって、微笑んだ。

「このようなグループでは、ほとんどの人がいくつもの道を体験しています。特定の道を歩んではいない、またはいくつもの道の真理を統合して自分のものにした、と感じているでしょう」

彼の笑顔がますます大きくなった。

「バーソロミューの道を歩んでいるとは言わないでくださいよ。バーソロミューというのは単なる情報源にすぎず、真理への道標にすぎません。規則や、規則を破ったときの罰則がある道ではありません。では、はっきりとした霊性進化の道を歩んでいると言えるにはどうしたらよいのでしょうか。どのような教えが道と言えるのでしょうか。覚醒への強い願望というような単純なことでもいいのです。強い願望は**広大な道**を生みだして、神からの分離をなくす地点まで導いてくれます。もっと一般的な道では、規則や規範や形式があって、それらに従わなくてはなりません。けれども勘違いしないでください。このようなアプローチはそれはそれで有効です。けれどもさまざまな道を体験して意識をぐんぐん開いてきた人たちのグループでは、〝大いなる愛〟に完全に心を開いた状態でいたいという〈**願望**〉こそが教えとなります。したがって、飽くなき願望が道といえます。それは**心の探究**であり、〝真の神意識に満ちた自己〟に今この瞬間目覚めよと要求する道です」

彼はそこで話をやめて、何かを期待するように待った。

ラッセルが手を挙げたので、バーソロミューはうなずいた。

「今日の午後の法話の中で、ダライ・ラマは無私無欲と因果応報について話されました。わたしの理解するところでは、すべての現象は何らかの原因から生じるという意味です。法話の途中で席をはずしたので、このことが話されたかどうか知りませんが、原因と結果の連鎖の最初の原因は何だったのですか」

「とても良い質問ですが、それに言葉を使って答えるのはとてもむずかしいです。ある出来事をわたしなりに描写してみますから、その真理について頭を使って考えるのではなく、感覚的にとらえるようにしてみてください。わたしにできることはそれだけです。

あなた方のまわりにあるこれらの雄大な山々、果てしない空、深い峡谷を見てください。実に壮大な景色です。それでは目を閉じて、それと同じような広大さの感覚、果てしない意識の感覚を、今度は、内なる無の空間、内なる無の静寂、無であると同時に充満している空間として感じてみてください。あらゆる潜在的な可能性がこの静かで果てしない充満した無の空間の中に含まれています。それがはじまりであり、源です。

あなた方が〈時間〉と呼ぶもののある時点で、その無の静寂の中からひとつの動きが生まれました。この動きが〈第一の原因〉と呼べるものです。それから、第一の原因がまさに第一の原因であるがゆえに、それから第二の原因が生まれ、次に第三の原因が生まれ、というように発展しました。言葉にすると意味をなしませんが、もともと言葉にできないことについて言葉で語ることはできません。けれどもここで言葉を使って説明しようとしているわけですから、これを感覚的にとらえる努力をしてください」

「その前にすでに意識が存在していたのですか」とラッセルが訊いた。

「動きが生じる以前の原初の状態において〈存在〉していたのは、**意識そのもの**、形も名前もない、ほかに誰も知るものもない純粋な意識でした。やがて第一の原因が生じて、形が生じるとともに、**純粋な目覚めた意識**が生まれました。いまや動いている意識です。自分が形あるものだと認識した意識で、その形の中からあらゆる創造物が生まれました」

彼はあたりを見回して、「わかりますか」と訊いた。

「純粋な意識には名前も形もありません。それは**空**《くう》です。躍動に**満ち満ちている無**です。いのちにあふれ、それ自体を自覚している静寂です。あなたが常に体験しているのはこれです。もっともあなたはそれに気づいていませんが。あなた方に〝大いなる源〟に戻ってそれを体験してくださいと繰り返し言ってきましたが、わたしはこの純粋な意識のことを指していたのです。あなた方が体験する想念やアイデアや行動は顕在意識です。その顕在意識の後ろにいつもあるのがこの純粋な意識で、そこから顕在意識が生まれます」

「では、その第一の動きが〝我《われ》在《あ》り〟（〝I Am〟）といわれる意識の知覚作用ですか」とジュディスが訊いた。

「はい、純粋な意識が〝我在り〟、つまり〝大いなる源〟の感覚に気づいたということです。この場合の〈我《われ》〉は〝我《われ》は在りて在るものなり（〝I am that I am〟）〟と言うときに感じる〈わたし〉、つまり**真我**であって、〈自分〉（〝me〟）と言うときに感じる感覚ではありません。〈自分〉というのはもっとあとになって生まれたもので、〈エゴ〉と呼ばれる一時的な個人を指します」

「では、純粋な意識から生まれたのは……」

「顕在意識です」とバーソロミューは答えた。

「それは、わたしには意識がある、という感覚ですか」とジュディスが訊いた。

「どちらかというと、〈わたしは何かに気づいている〉という感覚です。言葉ではとても描写できませんが、できるだけやってみましょう。ここであなた方に気づいてほしいと言っている純粋な意識とは、最初の不特定の名前のない意識、自覚がないが完全に意識がある空間のことで、そこから顕在意識が生まれます。『わたしは独立した別個の存在だ』という意味での〈わたし〉ではなく、どんな分離も生じる以前の〈わたし〉について話しています」

　バーソロミューは突然ワッハッハと笑い出した。

「こうした言葉はバカげて聞こえますね。意味を理解しようとしてあなた方の頭は混乱しているでしょう。よろしい！　頭は混乱させておきましょう。混乱のあまり、考えるのをやめて黙ってしまうかもしれません。そうすれば、このことに関する偉大な真理が、言葉を通さずに自然と姿を現すことができます。あなた方は〝大いなる源〟を離れたことなどないのですから、わかるはずです。あなた方の本質である〝大いなる源〟を離れることは**不可能**なのですから。自分がすでにそうであるものになるのがむずかしいなどということはありません」

〝一なるもの〟から幾多の物が生まれる

「意識がはじめて動いたとき、はじめて分離を体験したとき、**あらゆる物**が現れはじめました。純粋な意識が顕在意識となって、多くの異なる次元で創造をはじめました。けれどもすべてのものを生んだあの自然の意識は、**今もあなたの中にあります**。ダライ・ラマがあなた方に示そうとしているのはその意識なのです。あなた自身がそれなのです。それなくしてはどんな生物も存在できません。それなくしてはどんな創造物も存在できません。あらゆる創造物はどんな形であれ、それに満ちています」

わあ、すごい。わたしの頭は、この非常に膨大な概念を前に、必死で枠組みを広げようとしてキリキリ痛んだ。わたしが今感じているこの意識は、**宇宙創造のはじめにあった**意識と同じだと、バーソロミューは今言ったのだ。

「ということは、あなたが今話している純粋な意識というのは**原初の意識**のことなんですか」とわたしは叫んだ。

「まったくその通り。わたしがこれまで何度も言及してきたのはこれです。この原初の意識、〈形ある物〉が現れる以前にあったすばらしい意識は**今もあって、いつでもあなた方はそれを使えます**。これまで十五年間わたしが声を大にして叫んできたのはこのことだったのです」

彼はそこで大きく息を吸うと、「あなた方は長い旅路の途中です」と言って、片手で大きく弧を描いた。

「聖書の話にある放蕩息子のように、あなた方は家出をして、気が遠くなるほど長いあいだ放浪しています。実は戻って来られるように家出した**ふりをしている**だけです。それだけのことです。単純な話です。さあ、〝大いなる源〟から**離れたことなどない**のだという事実をもう一度思い出すときです。あなたは〝大いなる源〟そのものなのですから、〝大いなる源〟を離れることは**できません**。霊的に深い教えはすべてこれと同じことを言っています。あなた方は一度も離れたことはないのだから、**戻ってくるのに特別の努力はいらない**、と。実際のところ、特別な努力をすればするほど、この永遠の真理にたどり着けません」

チャイが手を挙げたので、バーソロミューは彼女のほうに身を乗り出した。

「はい、何ですか」とバーソロミューが訊いた。

「あのですね、聖書の中に、最初の動きは音だったと書いてありますね」

「言葉です」とバーソロミューは答えた。

「そう、言葉です」とチャイも繰り返した。「そして言葉から形ある物が生まれた。ということは、純粋な意識に戻る道具として音を使ってもいいですか」

「もちろんです」とバーソロミューは即答した。

「〈言葉〉や音があなたにとってどんな意味を持つにしろ、それは覚醒意識に達するための有効な方法です。音の持つすばらしさに深く感動したまま、心を開いてリラックスするなら、〃大いなる源〃に気づかせてくれるでしょう。実際、多くの宗教が意識とマントラ（繰り返し唱える言葉）の音を融合させることを通して人々を神のもとへ導こうとします。音を聞くなり音を出すなりして音にすべての意識を向けるという単純な行為を通して、あらゆる音の〃源〃が姿を現します」


ガイが発言した。

「今日、ダライ・ラマは日常生活の基礎となる十カ条について話されましたが、モーゼの十戒に似ていると思いました。このふたつは同じところから来ているのですか」

バーソロミューはうなずいた。

「ふたつとも、これらのことをしたらそうしない場合よりも人は幸せになるという深い叡智を反映しています。こうした十カ条を考え出した人々は人間の性質を詳しく観察して、人間がリラックスして穏やかな心でいるときと憎しみや怒りで興奮しているときの状態を比較しました。心穏やかに生きている人々のほうが、人生や自分自身と戦っている人たちよりも幸せな傾向にあります。こうした観察の結果があなたのいう十戒、または人生訓です。

こうした教えの価値は、その中から自分が必要とするものだけを取り入れられることです。このカーラチャクラ灌頂《かんじょう》の中から、自分に役立つものを取り入れてください。心を開き、頭を柔軟にしていてください。感謝の心を持ちましょう。繰り返しますが、あなた方全員を仏教徒に改宗するのが目的ではありません。世界の偉大な宗教的教えのひとつを体験してもらうことが目的です。そのパワーを利用して自分の求めるものへ近づくことができます。パワーはパワーに違いないわけで、多くのやり方に使えます。この峡谷にある強力なパワーやここに生じている感覚を見逃さないでください」

バーソロミューは上体を起こして、「ほかに質問がありませんか」と訊いた。

エレノアが手を挙げた。

「〝大いなる源〟に気づく方法として、自分が考えていることや感じていること、していることなどを観察して、それらが何の中で生まれているのかに気づくこともいいですか」

「そうです」と彼は同意した。

「すばらしいですね。ありがとう。ラマナ・マハルシの言葉で言えば、より深いレベルの問いに気づくように、ということです。『**誰が**考えているのか』『**誰が**怒っているのか』『**誰が**怖がっているのか』。こうした考えはどこからやってくるのでしょうか。そして、言葉が邪魔になるようだったら、思考をも含めて、今あるものすべてに**意識を向けて**リラックスしてください」

「山が雄大で美しいなあ、と今思っていたんですが」とエレノアが質問をつづけた。

「すると、山も生まれたり消えたりするのだと気づきました。山は何から生まれたのでしょうか」

バーソロミューはそれに応えて言った。

「あらゆるものは純粋な意識から生まれて純粋な意識に帰っていきます。今日の教えに戻りましょう。まず最初に原初の純粋な意識があって、その意識から思考や形あるもの、行動、記憶、世界や宇宙が生まれました。あなたがするべきことは、この瞬間にリラックスして、さらにあらゆる瞬間に存在するものの中にゆったりと憩うことです。すべての現象は生まれたり消えたりするのですから」

彼は手で大きく弧を描いた。

「ここにあるすべて、つまりあなた方の体も心も、このすばらしい世界の全部が**ひとつ**のものから生まれました。それは何でしょうか。**それこそ**があらゆる求道者が答えを求めているものです。概念としてではなく、体験としてそれを知ることです。あなた方が求めているものは名前も形もありませんが、完全に目覚めた意識です。それは**あなたの**純粋な意識です。**あなたのものです！**」と大声で叫んだ。

彼はため息をつくと、ふたたび後ろに寄りかかった。

「あなた方はこの瞬間、完全に目覚めています。だからこそラマナが、すべての人はすでに悟りを開いていると言えたのです。それはどういう意味でしょうか。それはあなたは〝大いなる光〟であり、〝純粋な意識の光〟であり、〝神の光〟であるということです。あなた方がこれまでそれ以外のものであったことは**なかった**のです。だからそのことに気づいて、自由になってください」

「この純粋な意識は自分自身を意識していますか」とエミーが口をはさんだ。

バーソロミューはアッハッハと笑うと、「自分でそれを発見して**わたしに**教えてください」と言った。

「意識していないと思います」とエミーはすぐに答えた。

「答えをすぐに出さないで、ここでちょっと考えてみましょう。もし純粋な意識が自分自身を意識しているのだとしたら、ふたつのものが存在するようですね。実際のところ、純粋な意識に気づこうと努力すると、できなくてイライラします。努力するのをすぐ忘れてしまって、意識しようと努力すること自体が障害物になってしまいます。そこで結局、あなたにできることは、リラックスしてそこにいつもあるものを観察することだけです。そういうわけで、神への道は単純ですが、むずかしいのです。そこに何があるのかに気づくことしかできません。何があるのか、前もって予測したりしてはいけません。好きとか嫌いとかに分けるのもいけません。眼に見えるものではありません。あなたが考えることでもありません。あなたのすることでもありません。けれどもこうしたことの中に常にあるものです。ではそれは何なのでしょうか。あなたが知っているものやあなたが想像できるもののどれでもないとしたら、いったい何でしょうか」と彼は尋ねた。

「**何か**が常にあることはわかっていますね。疑ったり、探し求めたり、考えたり、行動したり、思い出したり、忘れたりするときにも**何か**があります。**何か**がこうしたもののすべてを創造したのです。何でしょうか」

彼は体を楽にした。

「宇宙を創造したパワーが存在することを信じないのはバカげています。まわりにあるすばらしい創造物を見てごらんなさい」と言いながら、彼はわたしたちにまわりを見るように促した。「『神がすべてを創造した』と言って、それで答えを見つけたつもりにならないでください。どうしてそうだとわかるのですか。何が今この瞬間にあるのかをゆったりした心で観察して、それを調べてみる必要があります」

彼は身を乗り出すとわたしたちをまじまじと見つめた。

「あなたの頭《マインド》は、自分は神や創造主とは別のもので、つながっていないと主張します。まわりを見てごらんなさい。あらゆる物がひとつだということが**見ればわかる**でしょう。分離など存在しません。ほかの物から完全に**分離**している物がありますか。あなたの体は地面から離れていますか。地面は空から離れていますか。空は宇宙から離れているでしょうか。あなたはこうしたもののすべてから離れていますか。このようにすべてがつながっている世界を創造したものが、創造物とつながっていないということがあるでしょうか。**それは不可能です！**　母親や父親が自分たちの子どもと細胞レベルで無関係であることが不可能なように、あなたと創造主が無関係であることは不可能です。子どもは自分を作ったのが誰なのか忘れるかもしれませんが、だからといって誰が作ったかという事実は変わりません」

そう言って、彼は後ろに寄りかかると、「不可能です」と繰り返した。

「なぜ宇宙が創造されたのですか」とリシが質問した。

バーソロミューは、もうどうしようもないというふうに両手を広げた。

「創造の喜びのためですよ。創造の楽しさ。創造するのが楽しいからです。変化に富んだ創造物のたくましさを味わうためです。それにこれまで本当に**楽しかった**のですよ。この山は」と言って、彼はキナウル・カイラス山を指さした。「この山であることを心から楽しんでいます。間違いありません」

わたしは迫ってくるような高峰の雄大な美に目を向けたが、何か損をした気分になった。わたしは楽しいから人生を創造してきたとはどうしても思えなかった。自分が神から離れた存在ではないということを思い出すほうが楽しそうだ。

「なぜわたしたちは忘れてしまったんですか」とつい衝動的に質問した。

幾多のことを知っている人々よ、今度は〃一なるもの《ワンネス》〃を知りなさい

彼はわたしを穏やかに見つめた。

「簡単に言うと、あなた方は創造の多様性に魅了されて、忘れてしまったのです」と言って微笑んだ。

「あなた方はとってもおもしろい小さな世界を創造したので、意識がそれにどんどんのめり込んでいったのです。そこであなた方は今、この多様性をこれからも探求しつづけたいが、自分の一部が今までずっと深いレベルで完全に純粋な意識であったのだということも知りたいと願っています。神を求める道とはそういうことです」

彼は静かにつづけた。

「あなた方は今ある幾多のものを手放したくはありません。ただ神の至福、あらゆるものの〃源〃を思い出して、今あるものにつけ加えたいだけです。

それになぜ手放す必要があるのでしょうか。無限の多様性や分離を創造することはそれなりに楽しいことです」と彼は大きな声で言った。

「けれども今度は多くのものと〃一なるもの《ワンネス》〃、その**両方**を知る豊かさを味わいましょう。それは持って生まれた権利です。あらゆるものを生み出す〃本質〃や〃深奥の自己〃を知ることは、努力して資格を得なければならないようなものでもなければ、苦労して勝ち取らなければならないものでもありません。ただそれに**気がつかなければならない**ものです。宇宙の基本法則はわかっていますね。意識を向けたものに人は気づく、という法則です。当然ですよね？」

　彼はエミーのほうを向いて微笑んだ。

「この段階では、エミーさん、意識は意識に気づきはじめたようです。けれどもそれよりもっと深いレベルの意識があります。その意識に意識を向けたままにしていると、だんだんわかってきます」

　ラッセルがバーソロミューの視線をとらえた。

「えーとですね、けっこうたくさんの人が〃大いなる一《ワンネス》〃を体験したことがあると思うんですが、それを持続させるにはどうしたらいいんですか」と彼が訊いたので、ほかの者たちもわいわい言いながら同感の意を表した。

「これまでの数日間話してきたような態度で、今の瞬間にリラックスして観察することをほんの少しでも実行しはじめると」とバーソロミューは言って、わたしたち一人ひとりを見回した。

「あなた方が求めているものが体験できます。本物の〈道〉の問題点は、**それに従っていけば**自然に悟りが開けると信じ込んでしまうことです。必ずしもそうではありません。ある方式に従って実践していたら急に疑問がわいてきて、何かが欠けていると感じはじめます。あなた方の多くは今この地点にいます。自分は今、道なき道を歩んでいるのだと知る必要があります。あらゆる所にいのちあふれる静かな創造の原理があって、それがあらゆるものの中に常にあるのだと知りながら、人生を歩みつづけてください。それに気づこうと**決心してください**。特定の概念や規則に従う代わりにその原理に自分を導いてもらおうと**決心してください**。それぞれの瞬間の〝真理〟が姿を現すのだと信じてください。ただリラックスして、それが姿を現すにまかせてください。

リラックスして、真理が姿を現すにまかせましょう。概念や想念や形を越えて、それぞれの瞬間の中に何が含まれているのかが**わかる**まで、繰り返しリラックスしましょう。ダライ・ラマが説明したように、第一の原因は**空**《くう》です。**空**《くう》というのは形がないということです。それはまた何ものからも邪魔されないことを意味し、絶対的な静寂を意味します。たとえ動いているときも、です」

「一日七時間もその指示を忘れてしまうことが問題なんです」とエミーが口をはさんだ。

「わかっています」とバーソロミューは彼女のほうに身を乗り出してやさしく答えた。

「それに、まるでとても深い海の底から水面まで上がろうと努力するみたいなんです」と彼女はつづけた。「とっても深い眠りから目覚めようとするみたいに。今の瞬間に意識を向けようとして、ときには一秒くらいできます。あるいはあっという間に起こって、すぐに消えてしまいます」。彼女はそこで一息ついてから、「休みなく練習するよりほかないんですか」と訊いた。

「あなたにできることは**実践する**ことだけです。**練習ではなくて。練習などする必要はないのだ**と気づく日が早く来ることを祈ります。いいですか」と言って、一語一語を強調するために手をたたいた。

「**自分であることを練習する必要はありませんね。いつも自分なのですから**」

彼は立ち上がると、その場で足踏みをはじめた。「わかりますか」と彼は訊いた。メアリーマーガレットの脚が上下に動くのを上から眺めながら、つづけて言った。

「これが練習です。わたしは純粋な意識を練習しています。よいしょ。よいしょ。けれども純粋な意識を感じる練習をしているとき、その意識からわたしは分離されているのでしょうか。練習をやめたら、純粋な意識は存在しなくなるのでしょうか。

純粋な意識はどこに行くのでしょうか。それは今ここにあります。あなたが忘れていようと覚えていようと、いつもここにあります」

彼はため息をつくと、また腰を下ろした。

「また同じところに戻ってきたのがわかりますか。これが答えです。意識を感じる練習をしているのだとしたら、それは**練習というものをしていること**です。けれども**純粋な意識**というのはあらゆることをしているのですよ。意識に気づく練習をすることも意識の存在を忘れることも含めて。練習することも、忘れることも、練習しないで後ろめたく感じることも、意識を思い出す喜びも、**純粋な意識**はそれらのすべてをしているのです」

「その意識とわたしの意識との違いは何ですか」

頭が混乱したわたしは思わず叫んでしまった。

「何の違いもありません」と彼は言って、わたしの目をジッと見た。

「けれども**あなた自身**、そのことを直接体験して知る必要があります。そのときまで、言葉の遊びにすぎません」

「では何のためにわたしはこんなことをやっているんでしょう?」と絶望感を感じながらわたしは訊いた。

「あなたは何かを**見つけよう**と必死に努力しています。一歩後ろに下がってください。純粋な意識を**見つけよう**とする代わりに、あなたが見つけようとしているもの、自分とは分離したものと思っている純粋な意識は、見つけたいという**願望そのもの**だと知って、それにしがみついていてください。あらゆるものが純粋な意識です。あなたが深い眠りに落ちているときも、その意識は目覚めています。あきらめないでください」

彼はわたしのほうにぐっと体を乗り出した。「ちょっと質問しますが、あなたは今自分が苛立っているのを意識していますか」

笑いとイライラに吹き出しそうになりながら、わたしは大声で答えた。

「もちろんですよ。今この瞬間、わたしが気づいていることのひとつに違いありません」

「では誰がこの苛立ちに気づいているのですか。『わたしはイライラしている』と言うときの〈わたし〉はどんな感覚ですか。『わたしは落ち着いている』と言うときにもその感覚がありますか。あなたの中には決して変化しない何かがあります。それは生まれることも消えることもなく、今起きていることを完全に知っています。何かがすべてを観察し、すべてを感じ、すべてに反応します。それから離れないでください」

彼はみなを見回した。

「はい、みなさん、今していることをすべてやめてください。少しのあいだだけ、無になりましょう。無になって、耳をすまし、呼吸し、ただ座っていましょう。ただあるがままでいましょう」

わたしたちは黙って座っていた。

「あなた方は広大な無限の空間です」と彼は静かに言った。

「わたしが話している〝わたし〟とは、これらすべてが生まれる空間です。あなたの体も頭脳《マインド》も苦痛も苛立ちも、すべてです。ただそれにゆったりと身をまかせましょう」

わたしたちは黙って静かにしていた。


やがてラリーが発言した。

「リラックスしたとたんにエネルギーが脈打ちはじめるのを感じます。ここ二、三カ月のあいだ、ピクピク痙攣した感じだったのですが、ここ二、三日はそれがもっと滑らかな感じになりました。今日カーラチャクラに参加していたとき、そのエネルギーに乗ってわたしが望むところまで戻っていけるような気がしました。わたしはそれに身をまかせて、そのまま流れていきたい気がしたのですが、これがそうですか」

「はい、そうです」とバーソロミューが同意した。

「そのエネルギーはチャイが話していた音と同じエネルギーです。それはあなたを静寂まで連れていってくれます」

彼はみなを見回した。

「みなさん、いいですか。覚醒が起こったり、意識が開きはじめたりするときにはいつでもそうですが、肉体がどう感じるかは人によって違います。百十ボルト用の電気製品に二百二十ボルトの電流を流したようにパワーが入ってきて、体がガタガタ揺さぶられる人もいます。たとえほんの短い時間だけでも、できるだけその状態を保ち、それに抵抗しないでください。むずかしいとは思いますが、不快感をそのまま感じつづけてください。パワーをほかの方向に転じたりしなければ、このエネルギーが体の細胞構造に新しい通路を作ってあなたの体を上から下まで通り抜け、これまでせき止められていたパワーを解き放ちます。すると細胞はまったく新しいやり方でリラックスします。これはむずかしいことでしょうか。むずかしいかもしれません。けれどもどうか忘れないでほしいのは、たくさんの助けの手が伸びているし、助けたいという意志があることです。あなた方はこれを乗り切っていかなければなりませんが、自分が乗っている波のことも忘れないでください」

ローレルが苦笑いをして、「きっとすごく簡単なことにちがいないと思うときもあるんですよ」と言った。

「みなさん、何度も言うようですが、これは本当に簡単なことです。**あんまり簡単すぎてわからないんです**」とバーソロミューは情熱を込めてこの真理を強調した。

「あまりに当たり前すぎて、**あまりにあなたの自然の姿だから**、あまりにいつも起きていることだから、あなた方には見えないのです。ですから、『純粋な意識に気づかなければならない』と言うことはまったくのナンセンスなのです」

「そんなに簡単なことなら」とダーシーが口をはさんだ。

「誰でも生まれつき持っているものなら、なぜもっとたくさんの人が悟りを開いていないんですか」

「そう質問する気持ちはわかりますが、それは知的な疑問にすぎません。あなた方はこれから幻想という風船を割ろうとしています。でもその前に、あなた方はさらに質問したり疑問を抱いたりして知的ゲームを演じることを選ぶでしょう」。彼はみなを見回した。

「みなさん、この傾向に注意してください。これまでの狭い観念を捨てざるを得ない状況に自分をやっと追い込んだと思ったら、あなたのエゴは、質問や疑問や『それはそうだけど、でも……』という類の知的おしゃべりを持ち出します。エゴの一部は神の探求を終わらせたくないと思っていて、誰にも答えられない質問をしてあなたの気をそらそうとします。意識が目覚めてみると、まわりには覚者が大勢いたことに気づきます。ここにいる人たち全員が覚者だと気づきます。すべての人は覚醒しているのですから、覚者はたくさんいます。ですから心配しないでください。あなた方はみんな、神の創造された者なら誰でも持っているのと同じ量の純粋な意識をもっています。ほかの人と同じだけの可能性を持っていますから、希望を失わないでください。

現在この地球で偉大な出来事がたくさん起きています。これほど多くのことが起きているのに、『まるで何も変わっていない』という人々の声を聞くと、おかしくなります。あきらめないでください。心配しないでください。〝大いなる一《ワンネス》〟しかないのだとすべての人が理解するまで、誰もこの変化の波から逃れられません」

　バーソロミューは組んでいた手を離すと、後ろに寄りかかった。

「では、今日はこれで終わりにします。ありがとう。ありがとう。ありがとう」と軽くお辞儀しながら言った。

「では、明日の朝早く、またここで会いましょう」。集会は終わった。

覚醒してもお腹はすく

　わたしはどうにも動けなかった。わたしの状態は〈度肝を抜かれた〉というのが正確な表現だと思えたが、いったいなぜそうなのか思い出せなかった。度肝を抜かれ、疲れ、腹が立ち、意気阻喪し、混乱していた。おまけになぜそう感じるのかさえわからなかった。ベランダを離れて、谷間を見下ろす崖の上で椅子に腰かけた。低い石垣の上に足を乗せて谷間に目をやったが、目は何も見ていなかった。わたしに近づく者は誰もいなかった。わたしは今聞いた話を必死で思い出そうとした。思い出せば何もかも解決するとでもいうように。頭の中でさまざまな命令を出す声が聞こえた。

　もっと先へ進め。執着を捨てよ。感じよ。がんばれ。しっかりせよ。

もういい加減やめてくれ、とわたしは思った。

想念や感情が渦巻く中で、やがて少しずつ、わたしはその瞬間に意識を向けることが何回かできた。肌に温かく注ぐ午後の陽光、くぐもった話し声、ロバの鈴の音、ひんやりとした空気の流れ。また目が見えるようになった。雲がわたしの足下の谷間を素早く流れていく。キナウル・カイラス山の頂上が雲の上から顔を出していて、真っ青な空に白い雪の山頂が映える。そうだ、お腹がすいた。こんなことはもう充分、と自分に言って、わたしは椅子から起きあがると、夕食を探しに出かけた。

今晩の夕食もまた食べ物を求める冒険の旅となった。わたしたちはペオの町まで山道を歩いて降りていった。タクシーはペオから来るだけでペオには行かなかったからだ。大型テントの中にギュウギュウ詰めになって入っていくと、片隅で料理用のたき火が燃えていた。夕立にぬれて寒かったので、何人かがたき火近くのベンチに肩を寄せ合って座ったが、ベンチの片端がぬかるみに沈んで、どうやってみても水平にならない。仕方がないので、近くにあった切り株や木箱を運んできてそれに座った。メニューは簡単で、チキンスープか焼きそばだった。わたしの中で期待がふくらんだ。焼きそばということは麺料理だ。迷うことなく焼きそばを注文してから、わたしは木のテーブルに前かがみになってチャイをすすった。どんな料理が現れるかドキドキだ。

ニンニクの強烈な臭いがしたと思ったら、湯気の立った黒っぽい麺を乗せた皿が目の前に置かれた。わたしはフォークに麺をいっぱい巻きつけて口に入れた。たちまち口中の味蕾がわれ先に駆け寄って、唐辛子とニンニクの見え隠れする醬油にまみれた炒め麵を味わおうと競い合った。わたしは夢中で食べた。残らずたいらげて皿が空になったとき、やっとわたしは前かがみになっていた体を起こした。お腹いっぱいになって満足したわたしは、素直に手を引かれて帰りのタクシーに乗った。宿舎に到着する前にわたしは眠りに落ちていた。

翌日、午後になってから、わたしはメアリーマーガレットに何か日記に書いたかと尋ねた。ああ、またかというようなため息をついて、彼女はリュックサックの中をまさぐると、折り畳んだ何枚かの紙を手渡してくれた。わたしは紙を開いて読んだ。

　まだ食べ物もコックも荷物も届かない。でもこのグループの人たちは何という頑張り屋ばかりなのだろう。愚痴をこぼしてもその口調にはどこか楽しんでいる様子がある。心からみじめに感じている人はいないようだ。山道を滑ったり転んだりしながら、そこの草の陰がじつは野外トイレだったとわかっても、人々はただそれをおかしがっている。『ドロシー、ここはもうカンザスじゃないんだよ』（訳注：映画『オズの魔法使い』の主人公ドロシーが竜巻によってカンザス州の家から魔法の国に飛ばされたことから、日常の世界ではないという意味）。ジャスティンの言う通りだわ。
　法王が大好きになってしまった。あの声や笑い声。それに完全に解放された自由な心。あれほど素直に自分自身でいられるとはすばらしい。天候不順の土地で長時間じっと座っているには、法王のリズムに合わせてわたしも体を前後に揺するのが一番いいとわかった。一面に埋めつくされた雨傘の隙間から法王をのぞき見て、彼のリズムに従う。そうするとまったく苦痛ではない。体を動かしているのだが、そわそわした落ち着かない動きではないし、傘で人の目をついたりする怖れもない。

今日の法王の話はイメージ法についてと、それがチベット仏教においていかに大切かということだった。チベット仏教における重要な要素であり、必要かつ非常に有効な方法のようだ。けれどもわたし自身にはあまり必要とは思えない。たとえ〈良い〉ことをイメージしようとしても退屈に思ってしまう。マントラを一生懸命唱えたりイメージ法を熱心に実行したりした時期もあったけど、いつの間にかどちらもしなくなった。バーソロミューがわたしの人生に現れて以来、またラマナの教えを何年も勉強したから、バーソロミューのチャネリングが努力なしにできたのと同じように覚醒も努力なしにしたいと思うようになった。首をぐっと伸ばすと、ベッドにいたまま山を眺められる。山は何の努力もしているようには見えない。山が何かをしているとしても、努力なしにしているようだ。それなのにあれだけの壮大さと美しさと不思議さを持っている。

わたしはまだ努力をしすぎているだろうか。〈バーソロミューをチャネリングする〉ことは、怖れを捨てて、意志の力で何かをすることをやめ、自然にまかせることをわたしに教えてくれているのだろうか。チャネリングの最初の時期は意志の力でバーソロミューをチャネリングしようとしたこともあったが、そうするといつも、さんざんな結果になった。思考する頭脳《マインド》とバーソロミューの空間とはどうも一致しないようだ。どうもどちらかひとつを選ばなくてはいけないようだ。思考《マインド》の中を動き回るのか、バーソロミューの中でじっとしているのか。わたしがこれまで何年もかかって学んできたことをこれらの山々はすでに知っているようだ。バーソロミューが現れるのは、想像したり考えたり望んだり努力したり手を伸ばしたりするのをいっさいやめて、ただリラックスしたときだ。じっとして、心が完全に落ち着いて静かなときに現れる。そしてこの心の奥深くまで静かにしている、ということは実に単純なことだ。心の中はいつも静かなのに、わたしがそれに気づかないだけなのだろうか。もしそうだとしたら、それにまず気づくということが大切だ。

（注9）教典に関して弟子や学者が後にあたえた注釈。

18　カルパの三日目――バーソロミュー、個人的な質問に答える

ビン。ビーン。ドサッ。医師の宿舎の前庭にわたしたちのテントが張ってあるのだが、そのひもにシャロンが足を引っかけて転んだ。クスクス笑いが隣からもれてきた。キャロリンはまだぐっすり眠っている。わたしは懐中電灯を探し出すと、時計を見た。朝だ。わたしはテントから顔を出してみた。

眼下に見える町のスレート瓦のあいだを白い朝霧が漂い、それが曙光に照らし出されている。谷間からずっと上のほうまで雲が幾層にも重なって、その上から雪をいただく山頂が澄み渡った空に顔をのぞかせている。まるで昇ってくる朝日と熱心な対話を交わしているようだ。

今日はダライ・ラマに謁見できる日だ。ジョージはもう法王の侍医に診察してもらって、薬草も処方してもらった。そして法王がダラムサラに戻られたら彼もそこに行くように言われた。

宿舎のスタッフが建物の角を回って現れ、お盆に乗せたコップとチャイの入った大鍋を運んで

きた。わたしはテントの中に入って、山崩れの日にバスを降りて以来毎日着ているズボンと靴とジャケットを身につけた。それからジムとエレンの部屋のバスルームに向かい、途中でチャイの入ったコップをお盆からつかみ取った。戻ってくると、氷のように冷たい山水で体を洗っている人たちのキャーキャー言う悲鳴が聞こえてきた。ガイとクレアとリシとデヴが幾分濡れた体で姿を現したが、みな上機嫌だった。

朝食後はみなベランダに集まって、眼下を流れる雲の変化を眺めていた。やがてメアリーマーガレットが出てきて、毛布の上に座り、目を閉じた。濡れた髪をぴったりなでつけてジャスティンが現れ、彼女の横に座った。彼は小型のテープレコーダーを取り出すと、テープやコードを用心深く調べてから、彼女にマイクを手渡した。

メアリーマーガレットが目を開けた。

「それではみなさん、おはようございます」と言いながら、バーソロミューは何かを期待するように両手をこすり合わせた。

「今日は質疑応答の時間にしましょう。多くの人たちから頼まれましたし、カーラチャクラがあと二、三時間ではじまると、また別の問題が出てくるでしょうから。今がちょうどいいときです」

ローレルがこの機会を逃すまいと早速発言した。

「昨日の話では、助けがほしかったらイメージを心に描きなさいということでしたが、イメージを描けません。ここ一年くらい、目を閉じると大きな空間があるだけです」。彼女は涙をこらえきれずに涙声でつづけた。

「それにわたしは**あなたに**助けを求めたいんですが、あなたをどんなイメージに描けばいいのかわかりません。わたしの見る空間にあなたがいるかどうかもわかりません」

「はい、わたしはそこにいますよ」とバーソロミューは喜々として答えた。

「その空間が無であれば、わたしはそこにいます」

「ええ、無の空間です」と彼女は叫ぶように言った。

「それなら絶対にそこにいます」と言って、彼はローレルを安心させた。

「その空間にはあなた方がバーソロミューと呼んでいるものだけでなく、もっとたくさんのものがいますから、助けが得られないはずはありません。**あらゆるもののすべて**がそこにあるのですから、はい、確かにそこにいます。いいですか、その内なる無の空間にさっと入りはじめるとき、どんな先入観も持ってはいけません。そもそも無の空間に対してどんな先入観を持てるでしょうか。ほとんどできません。それだからこそ、無の空間は完全な純粋意識が入り込むのに最適の場所なのです。ですから、あなたから何らかの枠組みを押しつけられることなく、純粋な意識があなたの観念を超越して真の姿を現すことができるのです。完璧ではありませんか」

ローレルは鼻をぐすんぐすん言わせながら、「それは姿を現してくれますか」と尋ねた。

「やってごらんなさい」とバーソロミューは答えた。それから彼女にぐっと近づくと、「もちろん現れます」と言った。

「約束しますか」と彼女は笑いながら訊いた。

「約束します」と彼は静かに答えた。

「あなたがやるべきことをすれば、わたしもします。これは共同作業だということを忘れないでくださいよ」

「わかってます」と彼女は笑顔で言うと、「でもときどきあなたにとても腹が立つことがあるんです」とつけ加えた。

彼はからからと笑うと、「熱心な人ほどそうです。実にたくさんの罵声をこれまでに聞きましたよ」と大きな声で言った。

「霊的な進化の道を歩んでいる人にとって、霊的なののしりの言葉を考えつくのはなかなかむずかしいものですが、それでも人は何とか考えつくようです」と言って彼は微笑した。

「これは何回も言ったことですが、議論や抵抗や激しいやりとりは大歓迎です。わたしにとって一番むずかしい人は、覚醒にまったく興味がないか、その喜びがまったくわからなくて、何の反応もしない人です。

バーソロミューと呼ばれるエネルギーに対して愛情を持ちはじめると、反感もまた生まれます。

愛と憎しみはしばしば同時に生まれるものですから。このふたつは両極にあります。深い愛情を感じて、『バーソロミュー、あなたが誰か知らないけど、愛してますよ』と言うときもあれば、『バーソロミュー、あんたが誰か知らないけど、あんたはほんとに嫌な奴だ』と言うときもあるでしょう。相反する価値から成る二元性の世界では、このふたつは共存しています。それはそれでまったく結構です。わたしはあなた方の愛を望んでいると思いますか。望んでいますが、それと同じくらいあなた方の関心を望んでいます。笑顔でも仏頂面でもかまいません。どちらでもいつでも歓迎です。別の言い方をすると、わたしはすべてを含めるくらい大きいということです。あなたも同じくらい大きいです。あなた方みんなそうです」

彼はローレルをジッと見つめて、「あなたを愛してますよ」と言った。

「昨日の午後、みんなでマントラを唱えていたときに経験したことを話したいと思います」とガイが言った。

「わたしは瞑想状態に入って、とてもいい気持ちでした。体がぐんぐん伸びていって、激しく流れる音になった気がしました。ただし音なしの。これが空《くう》といわれるものですか」

「そうです」とバーソロミューは同意した。

「そこに近づいていています。音なしの音の流れはそこへの入り口です。あなたの国の表現で言えば『やったね!』というところです。すばらしいです。よかったですね」

ロバータが手を挙げて質問した。

「わたしは自分の人生に同じような問題を何回も創造しています。新しい登場人物のこともあれば、同じ人物が再登場することもあります。ある問題を解決したと思っていたら、一年後にまた現れたりします。いったいわたしは何を見落としているのでしょうか」

バーソロミューは体を少し後ろに倒すと、「それに関してはいろいろなことが言えます」と深く考える様子で答えた。

「あなた方はそれぞれ異なったやり方で魂のレッスンを学びますが、ある程度の一般論を唱えることもできます。たとえば男性と女性は異なったやり方で学びます。男性と女性がいっしょに学ぶのがむずかしいのはこのためです。男性と女性の置かれている状況はまったく異なるふたつの観点からはじまっています。ですから広い意味で男性と女性がいっしょに役割を演じようとすると、第三の枠組みをいっしょに作る必要が起きてきます」

彼は上体を起こしてから、身を乗り出した。

「男性は一般に物質界で仕事や権力や理論を通して学びます。女性は異なる立場をとります。女性はもっと人間関係や直感的な世界に関心を持っています。ですから男性と女性がいっしょになったときには非常に興味深い状況が生まれます。男性は感情世界になかなか飛び込みたがりませんし、女性は感情世界から飛び出して物質界で演じることをためらいます。そこで、**感情だけで**

もなく論理だけでもない第三の成長の場を生み出せればうまくいきます。そうすれば、昔ながらの寂しい孤独へ至る道を何回も歩まなくてすみます。あなたは今、この昔ながらの道を歩きつづけていけば、その度に新しいことを学べるだろうと考えていますね。ただここで可能性として考えられるのは、あなたは女性として人間関係の感情面について学ぶべきことはすべて学んだけれども、これからは自分の中の理論的な部分に出会って、男性との新しい関係のあり方を創り出す必要があるのかもしれません。その反対に、男性が論理的な世界から抜け出て、直感を含む人間関係の新しい領域にまで足を伸ばすこともできるわけです」

新しい成長の道

「例をあげて話しましょう」

バーソロミューは親指と人差し指でそれぞれの手に輪を作ると、両手を高く挙げた。

「片方の輪は女性性の内なる世界を表し、もうひとつの輪は男性性の外なる世界を表すとしましょう」と言ってから、両手を近づけてふたつの輪を重ねた。

「ふたつの輪を重ねると、それぞれの輪よりも大きな、統合された第三の場が生まれます。これを実現するためには、相手の現実を自分の観念体系の中に取り入れようとする意志がなくてはなりません。最初は違和感を感じたり危険に思えたりするものがあるかもしれませんが、それが入ってくるのを拒んではいけません。新しいものの見方はときに不自然でしっくりこないかもしれませんが、それが入ってくるのに抵抗しなければ、今までとは違う新しい方法で魂の教えを学ぶ素地が生まれます」

彼は手を下ろした。

「このふたつの部分は統合される必要があります。なぜならこれらは両方ともあなた方の本質の一部だからです。すべての女性はもっと直線的で論理的な世界と関わって、家計の管理をし、キャリアを追求する必要があります。自分とは反対のものの見方を取り入れることは成長をもたらします。それと同時に、男性は女性との関係においてもっと大胆に感情を表現して、頭《マインド》で考えた行動ではなく、自然に湧き起こる感情や行動を通して相手と関わる必要があります。男性も女性も、恋愛関係を利用してふたつの面を少しずつ統合していくことができます。恋愛関係を向上させるために統合するのだと思うかもしれませんが、実際はこの統合ははるかに重要な意味を持っています。あなたは自分の魂のバランスを取っているのです。自分の中にある両方の部分を発達させることになります。男性にとっては、やさしく人をいたわる気持ちや素直な心を発達させることであり、女性にとっては、外の世界で生きる力と技術をつちかうことです」

バーソロミューはロバータに直接話しかけた。

「ですからあなたがこの新しい方法で全体のバランスの取れた人間に成長しようと決意するなら、そうなります。そうでなければ、これまでと同じように片方だけの部分で関わる関係を何度も繰り返すことになります。あなたの場合は、相手の男性も意識の目覚めに向かって努力している人なので恵まれています」と言って、彼は夫のラリーに向かってうなずいた。

「そうした共通の関心がない場合には恋愛関係はもう少しむずかしくなります。同じような意識のパートナーがいない人は、自分ひとりでもこれをやろうという勇気を持って、どんどん先に進んでいかなければなりません」

彼はみなのほうに向き直った。

「自分が今成長している方向が嫌なら、違う方向に成長しはじめてください。成長する方法はたくさんあります。お金がなくていつもヒーヒーしているのが嫌なら、または自分の人生に次から次にごたごたが起きるのが嫌なら、別のものを創造しようと決意してください。人は恋愛や夫婦関係において、自分のほしいものを相手にしつこく要求ばかりしておいて、関係がよくならないと言って失望します。男女関係で見られる唯一の現象は、誰もが傷つき、誰もが退屈していることです。これまでのやり方はうまくいっていません。ではどうしたらいいのでしょうか。

わたしが勧めるのは、自分の人生の別の分野に意識を向けて、そこにエネルギーを注ぐことです。その結果得られる自信や喜びが男女関係にも反映されていきます。人生のどこかの部分で自信をなくしたら、別の分野で自信をつけることに専念してください。人生の何らかの分野で自信をつけると、その人の**人生全体が**その恩恵を受け、生き生きした創造のエネルギーがまわりの人の人生にまで好影響をあたえます」

エレンがバーソロミューの視線をとらえて、「教師としての仕事ではどうすればベストかわかっていますから、仕事の面では全力をつくしていると思えます。けれども覚醒の道に関してはどうすればよいのかわかりません。充分な努力をしていない気がするのですが」と言った。

「それはほとんどの人が感じていることですよ」と彼は答えた。

「というのも、ほとんどの人が自分に対して非常に厳しいからです。あなた方は何をするにしても、失敗したり間違いを犯したりしてはいけない、上手でなければいけないと思っています。そして覚醒への道を歩くときにも同じように考えるのです。

メアリーマーガレットの体験が誰にも当てはまると思いますので、ここで話してみましょう」と言って、彼は上体を後ろに倒した。

「これはもう何年も前、まだチャネリングをはじめたばかりの頃のことです。彼女は自分が完璧にできないのではないかと心配して、強い不安に襲われることがよくありました。チャネリングの過程で何か間違いを犯し、その結果聞いている人たちを傷つけたり、危険に陥れたりするのではないかと心配したのです。

ある日、彼女がリラックスしているときに、わたしたちは彼女の意識の中に入って、単純明快なメッセージを送りました。ここでそれを繰り返します。**『神や人類のためにぜひやりたいと思うことがあるときに、完璧にできるまで待とうとすると、けっしてできませんよ。全力をつくし**

なさい。そしてそれがベストなのだと気づくことです。完璧にできないからといって、あきらめないでください』。これは話してもかまわないと思いますから話しますが、メアリーマーガレットの場合、チャネリングをやるからには完璧にやらなければダメだと言っているのはエゴだということが彼女にはわかっていました。エゴの声に彼女が耳を傾けていたら、わたしたちは今こうしてここにはいないでしょう。

魂の覚醒を完璧に実践することは不可能です。ただ人間らしくあってください。リラックスしてベストをつくしてください。今までできたことを全部並べて、『ああ、よくできた』と言うこともできれば、できなかったことを全部並べ上げて、『ああ、ダメだ』と言うこともできます。どちらでも自由に選んでください。けれども言っておきますが、『ああ、ダメだ』のほうは本人をあまりいい気持ちにしてくれません。そうした声に耳を傾けていると、心の平安を味わうことはけっしてありません。一日に六時間から十二時間も精神修行をしたとしても、完璧でなければならないという気でいると、修行しなかった時間を後悔することになるでしょう。一日にこれぐらい、と実行可能な時間を精神修行にあてた計画を立てて、それをきちんと守っていくと、自分に対する自信が増加していくのに気づくはずです」と言って、エレンに向かって微笑んだ。

「一日二十四時間目覚めた意識でいなければならないと思っていると、けっして成功できません。それは最終的な目標ではあっても、今それを自分に押しつけると、見事に失敗します。自分の魂の進化のためにはこの時間にこういう儀式をしなければならない、これをこのくらいしなくてはならない、などと考えている人もいるかもしれませんが、どうか無理をしないで、現実的な態度をとってください。一日に一回瞑想をすると決めるのもいいし、一時間ごとに思考をやめて純粋な意識に向かおうと決めるのもいいでしょう。昼休みのうち二十分をこれに使おうと決める人もいるかもしれません。自分の限界を知って、短期目標は達成可能なものにしましょう。**するべきだから**としたくもないことをして自分を罰するようになると、霊性の道から離れていくことになります。むずかしすぎて、達成の満足感をあたえてくれないからです。霊性の道を歩むのは、自信を喪失させるためではありません。

ダライ・ラマはこの点について少々異なる観点から話をして、霊性の道を歩くときに全身全霊でその中に飛び込むと、障害物が消えていく、と言いました。幻想が消え出して、覚醒するための精神力が育っていきます。精神修行をすると、そのたびに、少しずつ自信がついてきます。安心感が自分の中でふくれてきて、精神のよりどころになります。『できれば瞑想したいけど、できないかもしれない』という態度だと、目覚めた観点からの自己像が築かれません。できなかったことを後悔ばかりして心がいつもざわつきます。『今日は一日中やさしい気持ちで歩こう』というような具体性に欠けた目標だと、何回できなかったかに気づくだけです。惰性的な生き方にすぐ陥ってしまいます。覚醒するには、強い願望を持ってそれに意識を集中する必要があります。

たとえほんの短い時間でも〈今何が起きているか〉に意識を向けると、魂のパワーが増大します。これだと、後悔したり罪悪感を持ったりしないので、『よくできた』と自分に言えます。そうやって少しずつパワーを築き上げていくと、それぞれの瞬間に意識を向けることがやさしくなり、ますます覚醒への意欲をかきたててくれます。どんな分野であれ、その道で成功した人は、自分の立てた目標のために一日何時間かを当てなければいけないと知っています。この基本法則は魂の覚醒には当てはまらないと思っている人もいるかもしれませんが、当てはまります。

パートナーがいる人は、その人といっしょに計画を立ててください。恋人や家族との関係に影響するような精神修行の計画を自分ひとりだけで立てるのは思いやりに欠けた行為です。たとえばこれはよくある例なのですが、カップルのひとりが覚醒に興味を持って、『魂の覚醒のためにセックスはやめることにした』と宣言します。こうした一方的な決断は相手との関係を傷つけます。ですから子どもも含めてパートナーと呼べる人がいる場合、家族のことも考えて修行計画を立ててください。その気になれば、愛とユーモアの精神で修行計画を立てることは可能です。実行可能な計画を立てて、その内容を明確にし、実践してください。そうすれば自分に対して自信と満足感が持てます」


パトリシアが手を挙げて、精神的な苦痛について話してくれるようにバーソロミューに頼んだ。

「多くの人が、苦痛というのは恐ろしい怪物で、どこか見えないところから突然現れて人を襲い身動きできなくしてしまうと思っています。人は苦悩の海の底に沈んでしまったあと、やがて海底を足で蹴って水面まで上がってきて、そこでやっと息をつく、というイメージをいだいています。

けれども実際は、精神的な苦痛というのは、過去に苦痛をもたらした想念に対して細胞がとる反応なのです。細胞が〈思い出し〉て収縮反応を起こし、苦痛を引き起こします。あれこれ悩んだり、苦悩から逃れる方法を画策したりする代わりに、苦しい気持ちを残らず自分の中に取り入れましょう。抵抗せず、何も考えず、ただそれを隅々まで感じましょう。体全体でしっかりと感じましょう。関心を持って迎え入れ、詳しく観察してみると、苦痛の本質がわかってきます。本質がわかると、もう怖くなくなります。精神的な苦痛の核心には神秘的ないのちがあって、それは形があるものもないものも含めたあらゆるエネルギーの核心にあるものとまったく同じです」

　やや沈黙があってから、ジュディスが発言した。

「この非常に危険な世の中にあって、どうすれば体や細胞を安心させられますか」

「とても良い質問ですね」とバーソロミューは答えた。

「細胞は、リラックスすることを許されると世の中に安心するようになります。地球界は細胞にとって自然な環境で、細胞は自分がここに属することを知っています。ところが細胞は精神《マインド》の指令を受けます。そして精神《マインド》は過去の出来事や未来への不安を使って、しょっちゅう不安を生み出していいます。怖れの想念がたえず体の中を駆けめぐっていると、細胞はそれに反応して収縮します。それがまた不安を増大させ、細胞を収縮させるというように、繰り返します。

　ではどうすればよいのでしょうか。**今ある感情が何であれ**、それを押しのけないで充分に感じつくしてください。思考する頭《マインド》から抜け出て、体の感覚の中に入りましょう。呼吸し、体を感じ取り、体に気づきましょう。体の中にいるのが自然に感じられ、元気があふれてきます。肉体のすばらしさについて思いを巡らせましょう。繰り返し何度も、自分の体を愛し慈しみましょう。そうすれば、生きていくのに体が安全な場所になります」

セックス観を変える

クレアの手がさっと挙がって、「セックスに関して質問があります。とっても愛しているパートナーがいるんですが、ことセックスの段になると、どういうわけかわたしはいつもダメになるんです。わたしのどこがいけないのでしょうか」と質問した。

バーソロミューは彼女をジッと見つめて、「こんな質問をするとは、あなたはとても勇気がある女性ですね」と言った。

「あなたのどこもいけないところはありません。でもこの問題についてもっと深く考えてみましょう」

バーソロミューはみなのほうに向き直って話し出した。

「一番大きな誤解はセックスは単純明快だという考えです。自分が男や女であることをどう感じるかという点とセックス、このふたつは肉体体験の中でも、喜びや自信を感じるのが一番むずかしい領域です。これは疑う余地がありません。ベッドにもぐり込みさえすれば、セックスと呼ばれるものが自然に起こるという考えは真理とはほど遠く、人を惑わせるものです。そこで自然に起こることは、小説に出てくるようなことではなく、その人がこれまでに聞いたあらゆる矛盾したセックス観です。セックスのエネルギーセンターである第二チャクラほど、矛盾したメッセージを受け取ったチャクラはないでしょう。ことセックスに関しては、あなた方はだいたいにおいて完全に混乱しています。そして誰か愛する人に出会うと、そうした混乱がすべて表面化し、押しのけようとしても押しのけられません。その結果、後ろめたさを感じたり、悲しくなったり、自分の殻に引きこもったりします。

これに対する**解決策はあります**。セックスや男や女であることに関して頭が体にさまざまなメッセージを送ってきたわけですが、その出所はさまざまです。一番有効な解決法は、セックスや自分の性別に関して自分がいつも自分に向かって言っていることをノートに書き出すことです。マイナスのメッセージだけにかぎらず、プラスのメッセージも書き出してください。肯定的なメッセージだって、否定的なメッセージと同じくらい、恐怖をかき立てるからです。心の奥の世界の扉を開けて、そこに何があるか、勇気を出して見てみましょう」

彼はクレアに直接話しかけた。

「子どものころの状況を仮定してみましょう。あなたが十三歳のかわいい女の子で、思春期に入りかけていると想定します。あなたが女になっていくことに対して、ご両親はあまり激励の言葉はかけなかったと思います。ひょっとしたら、性的な感情をもつのは早すぎるとか、性的な感情は自然ではない、とご両親に言われたかもしれませんね。子どもの体から大人の体へと変化していくあなたに対して、ご両親はそのことはあまり考えないようにと言ったかもしれません」と彼は苦笑いして言った。

「自分が矛盾したメッセージを受け取っていたことがわかりますか。体は『イエス』と言っているのに、頭《マインド》は『ノー』と言うわけです」

多くの人が同意してうなずいた。

「ですから矛盾したメッセージを捨てましょう。矛盾したおかしなメッセージがあんまりたくさんありすぎて、吹き出したくなるかもしれませんよ。この矛盾と混沌に満ちたメッセージを調べていくと、その奥に、これまで受け取った良い情報、悪い情報、中立的な情報などに関する自分自身の矛盾した感情を発見するでしょう。それがわかると、自分の感情や行動を支配している無意識の習慣が何なのか、はっきりしてきます」

彼はわたしたちのほうに向き直ると、大きくにやっと笑った。

「わたしは自分がセックス・カウンセラーになるとは夢にも思いませんでしたが、どうもそうなってしまったようです。次に、第二の点ですが、これは仏陀も気に入ると思います。自分の本質や神意識の至福を発見する基本的な方法にイメージ法がありますが、それと同じことがセックスに関しても言えます。正直に言って、セックスがうまくいっている人に聞くと、成功の秘訣は、イメージ法の使用とその瞬間に完全に意識を向けること、このふたつの組み合わせだと言います。このふたつから、何にも縛られないおおらかさと美しさが生まれます。

カップルはイメージ法を使ってこの美の感覚をはぐくむことができます。ふたりで創り出すイメージが現実となり、愛の感覚を放出しはじめ、この感覚が体の細胞の中に取り入れられます。体はあなたからのメッセージを聞くように訓練されているので、あなたの言うことを聞きます。あなたとパートナーがいっしょにいるすばらしいイメージを体にあたえ、そのことをパートナーに伝えましょう。くつろぎと美しさにあふれたイメージをふたりでいっしょに創り出すことができます。こうしたイメージ法にはあなたの性体験を根本的に変えてしまう力があります。プラスのイメージであれ、マイナスのイメージであれ、自分の意識を向けたものが現実となる、という法則を思い出してください。あなた方はこれまでセックスのマイナスイメージに意識を向けてきたので、これからはプラスのイメージに意識を向けてください。

セックスは非常にむずかしい分野です。非常に傷つく可能性もあるのに、その反対だと主張されています。体の細胞はあなたの観念に従いますから、過去の体験がどれも不安や怖れのイメージをもたらすなら、体はセックスに抵抗します。新しいセックス観を現実化する喜びや興奮を細胞が感じる、そんなイメージを生みだしてください」。バーソロミューはそこで一息ついて、「これがわたしの答えです」と言って話を終わった。

「今恋人やパートナーがいない人はどうなるんですか」と誰かがベランダの後ろのほうから質問した。

彼はわたしたちのほうをジッと見つめると、「その場合はちょっとむずかしくなります」と認めた。

「パートナーのいない人がダイナミックなセックスのイメージを創り出すと、精神的にも肉体的にも欲求不満になる可能性があります。現状では、セックスは自分のカルマの舞台には登場しないのだ、と率直に認めなくてはいけないときもあります。将来もそうだというのではなく、今の状況ではセックスはその人の役に立たないということです。言っておきますが、性的関係が存在しない生活をあなたが創造したのだとしたら、それは何かの間違いでそうなったのではありません。〈カルマ委員会〉があって、よそ見をしているすきにあなたに必要なものを取り上げた、というわけではありません。セックスの機会が今の生活にないとしたら、それは罰ではなくて、あなたの魂の目覚めにもっと必要なものをあなたが学べるようにするためです」

彼はゆっくりと水を飲んでから、「この点についてもう少し詳しく説明しましょう」と言った。

「人は人生の一時期または全人生にわたって性活動が存在しないように計画することがありますが、その基本的な理由は、その人にとって人生のほかの面に目覚める必要があるからです。顕在意識や肉体レベルでは気に入らないかもしれませんが、自分の運命（誕生時に選んだ人生設計）に逆らうことはできません。セックスを持ち出さなくても、パワーや愛やおおらかさを発散しようという意志で細胞を満たすことは可能です。それらを自分やまわりの人間や物に同じように発散することができます。パワーはパワーを引き寄せます。パワーが大きくなると音なしの音を放出するようになり、その音が自分に共鳴して、音はますます大きくなります。

性生活がまったく存在しないか、中身がひどくて、性生活がうまくいっていない人は、まったく別の種類の音を発散しているのです。それがまた、肉体的な反応や感情的な反応を無意識に決定します。あなたが間違ったメッセージを送りだしていれば、その共鳴音はあなたの望むものをもたらしてはくれません。『僕はどうもうまくやれない』とか、『どうせわたしの望み通りにはならないわ』とか、『人にあたえることなんかできない』というようなメッセージを送りだしているとしたら、それがあなたに返ってきます。

ですからここでひとつ、提案です。自分にはパワーや愛やエネルギーを発散するすばらしい体があり、それを惜しみなくあたえる用意がある、というメッセージで体の細胞を満たすように心がけ、あとはカルマにまかせましょう。その結果、誰かと性的な面を共有することがあなたのグリッドに入っていれば、そうなるでしょう。グリッドになければそうならないわけですが、その場合でも、自分のほしい物が手に入らないとか、自分ひとり寂しい思いをすると感じなくてすみます。なぜなら自分の必要とするものは自分自身から得ることができるからです。それ以上に魅力的なものはないと思いますよ。

人が性的欲求不満と思っているものの中には、実は性的な不満ではなくて、体が充分にかまってもらっていないという不満があります。あなた方はそうした肉体への愛情は人から受け取るべきだと信じていますが、そういう相手がいなくて、本人も細胞に愛情を注がないとしたら、細胞は飢えと欠乏を感じます。その飢餓感はかならずしも性的な飢餓ではないかもしれないけれど、本人は性的飢餓感と解釈するでしょう。ですからどんな飢餓感なのかをよく吟味して、適切に対応してください」

彼は後ろに寄りかかって、体を楽にした。

エミーがバーソロミューを見上げるようにして小さな声で発言した。

「わたしは息子を傷つけてしまったことをまだひどく悲しんでいます。息子のプライドを傷つけたり、心を傷つけたり、どこか欠陥があるかのように言ったりすべきではありませんでした。息子はすばらしい人間です」

彼女はそこまで言って、泣きそうになるのをぐっとこらえた。「あとは言わなくてもわかってくださいますね」。

彼はエミーをじっと見つめた。

「完璧な母親になれる人でなければ子どもを産んではいけないと主張するのですか。もしそうなら、この惑星に何人の子どもが産まれると思いますか。ゼロです」と彼は悲しそうに言った。

「というのも、完全覚者はふつう子どもを持とうとしませんし、それ以外の人たちは自分が不完全なふりをしているからです。あなたは子どもを傷つけたと言いましたが、同時に、彼はすばらしい人間だとも言いました。そこで質問ですが、それほどひどく傷つけられたのなら、なぜ彼はそんなにすばらしい人間でいられるのですか」と言って、しばらく待った。

そして、「自分が普通の人間であるからといって、自分を叱りつけるのはやめてください」とやさしくつけ加えた。

「ええ、できるものならやめたいと思います」と彼女は同意した。

「今のあなたの言葉はエゴの声ですよ。愛の声ではありません。愛の声は、『母さんはお前に対してすまないことをしてしまったよ。でもお前も同じようにいくつか間違いを犯したね。でもそれが人生というものなんだよ。母さんはお前を愛してるよ』と言います。苦しみを生んでいるのはエゴです。愛は愛を理解します。理想通りではない出来事が起きても愛はなくなりません。あなたが死ぬほど愛していることを息子さんは知っているでしょうか。もちろん知っていますとも」と彼は断固とした調子で言った。

「この苦悩は全部あなた自身から生まれたもので、彼からあたえられた苦しみではありません。はっきり言わせてもらいますが、あなたの苦しみはねじれたエゴのなせる技です。エゴがあなたを間違った方向に押しやって、息子さんとのあいだにある愛情にあなたが気づけないようにし、代わりに罪悪感や悲しみや自信喪失へと追いやっています」

バーソロミューはみなのほうに向き直って説明した。「エミーは何年ものあいだ、女手ひとつでこの子を育て上げました。もちろん間違いもいくつか犯しました。当たり前です。彼女だけが例外であろうはずがありません。息子のほうもいくつか間違いを犯しましたし、これからも犯すでしょう。人生とはそういうものです」。

彼はエミーのほうを見た。

「罪悪感に襲われたら、それはエゴの声だということをわかってください。エゴは、あなたが息子さんに感じている愛や喜びやうれしさを台無しにしています。罪悪感の罠に落ちるか、愛の中にとどまるか、あなた次第です」

「罪悪感から抜け出したいと思います」と彼女は即座に言った。

「わかりました。では、罪悪感が湧き起こるたびに、それはエゴの非難の声であって、息子さんへの愛を見えなくしようとしているのだと思い出してください。というのも、あなたが罪悪感を持ちつづけるかぎり、愛を感じることができないので、結局は、あなたの言葉で言えば、息子さんを傷つけることになります。ですからただちにやめてください。愛情豊かで子ども思いのエネルギッシュな母親としての自分を尊敬しはじめてください。そして数えきれないほど多くの機会に自分がそうした母親であったことを思い出してください。罪悪感が邪魔して、それに気づけなくしています。どうか罪悪感を捨ててください」

彼は黙ってわたしたちを見つめた。メアリーマーガレットの口の端にかすかな微笑が浮かんでいる。

「今日あなた方が質問した悩みはどれも顕在意識にとっては深刻な問題です。それと同時に、あなた方に覚えていてほしいのは、子どもの悩みや自分に欠陥があるのではないかという不安など、どんな悩みや罪悪感や悲しみも、それらはすべて**一時的なもの**にすぎません。〝神の光とパワー〟の大海原の中で生まれたり消えたりしている現象にすぎません。やがていつかは、自分が体験しているものが何であれ、それは**けっして重要でもなければ実在するものでもない**、ということがわかる日が来ます。実在するのはあの広大な純粋意識であり、その中でこうしたことのすべてが起きているのです。もちろん人生ドラマのすべてに意識を向けて、一生懸命自分の役割を演じてください。けれども何が実在するのかという真理から目を離さないでください。苦しみにも喜びにも、勝利にも敗北にも、ほしい物を手に入れても入れなくても、それらのすべてに常に存在する純粋な意識こそが実在するものです。自明のことを見落とさないでください。至福の境地は今ここにあります」

彼はエミーのほうを手で示しながらみなに向かって話した。

「あなたがもし常に完璧な母親であったとしたら（完璧がどういう意味であれ）、むしろそれは息子さんのためにならなかったでしょう。息子さんにとって、あなたの創った楽園を離れて不完全な世の中に出ていくことは非常につらく苦しいことだったでしょう。あなた方はみな人間です。

あなた方はみな自分の力の範囲内でできるかぎりのことをして生きています。それが生きることですが、同時に、**それはあなた方の本質ではありません**。それは一時的な状況なのです。あなた方にとって**するべきことは常に同じ**です。こうした不断に変化する顕在意識の中を一貫して流れる、いのちあふれる豊満な意識に目覚めることです。あなた方はみないつかはそれを発見するでしょう。それがあなた方を離れたことはないのですから。あなた方の目的は幸福になることではなくて、**気づくこと**です。それをけっして忘れないでください。それと同時に、できるだけ素直に熱心に人生ドラマを演じてください」

バーソロミューは組んでいた手を降ろすと、後ろに寄りかかった。

「では今日はもうこれで充分でしょう。法王との会見が午後にありますから、用意してください。質問がある人は紙に書いてチャイに渡してください。チャイとメアリーマーガレットで会見前に質問を読んで、重複した質問ははずします。質問は魂の深いレベルからの質問であるように心がけてください。法王と直接会えるのはすばらしいチャンスです。目と目が合い、心と心が響き合い、〝大いなる自己〟と〝大いなる自己〟が出会い、〝大いなる一《ワンネス》〟だけになります。ではみなさん、ありがとう。また明日会いましょう」

法王の謁見を得る

まだ解散しないうちに、建物の横から騒がしい音が聞こえてきたかと思うと、ネイマとジュンパが肩に飲料水の重い箱をかついで、にこにこ顔で現れた。ガイとラリーがベランダをひょいと乗り越えて飲料水を受け取りに行き、ほかの者たちもふたりのチベット人を取り囲んで、喜びの声をあげたり、握手をしたり、彼らの背中をたたいたりした。

チャイが人の輪から少し離れて、「みなさん、バスが着きましたよ！」と大声で叫んだ。みなは歓声を上げながら拍手した。チャイは「荷物もいっしょでーす」と声を張り上げて追加すると、「軽い昼食がもうすぐできます。また、今日の夕食はここで食べます」と勝ち誇ったように告げた。

みなそれぞれ散って、急いで出発の準備に取りかかった。わたしは坂を下りて駐車場に行き、荷物と清潔な服を取ってきた。赤いバケツのシャワーを浴びるためにバスルームに向かう人もいる。部屋に戻る途中で、チャイの手に折り畳んだ質問状を手渡す者も何人かいた。キャロリンがそろそろと後ろ向きにテントから出てきたかと思うと、白くて細長い箱を抱えていた。箱にはタオスの山から持ってきた祈禱棒（注10）が入っており、このヒマラヤの山にいる法王への贈り物だった。まだ誰にも見せていなくて、謁見に出かける直前に箱を開けることになっていた。

ジュンパがサンドイッチを山盛りにしたお盆をもってふたたび現れ、ネイマもすぐ後からチャイの入った大鍋を持ってついてきた。みなは通りがけにサンドイッチと飲み物を取っていった。やがて魔法のように、彩り鮮やかなシャツやスカート、ベストやスカーフ、装身具や帯を身につけた人々が次々と姿を現した。まるで子どものように、わたしたちは尊敬する師に会うために最高の晴れ着を身につけていた。

やっと全員がそろったところで、キャロリンが箱を開け、次にわたしが祈禱棒を高く掲げてみなに見せた。鳥の羽が風に揺れ、水晶が太陽の光を受けて虹色に輝くのを見て、あちこちから感嘆の声がもれた。祈禱棒は手から手へと渡されて、一人ひとり、祈りをこめていった。チャイとラッセルが、準備していた謁見式用の白い祈禱布をみなに配ってから、特別のたたみ方を教えてくれた。手を開いたときに祈禱布が両手のあいだに落ちるようにたたむのだが、それがダライ・ラマの祝福を受けるやり方だそうだ。

その後、わたしたちは例の石ころだらけの坂道を用心深く下りて会場に向かった。誰もがとても緊張していて、おたがいの服装を直し合い、地面がほこりだらけなので服が汚れないようにと気を使った。まわりの席の人たちは、わたしたちが晴れ着を着てそわそわしているので何事かと振り向いてじろじろ見ている。おたがいにシーッと言ったり肘でつつき合ったりしていると、やがてチャイが現れて、ついてくるようにと合図した。

一列に並んで急ぎ足で台座の後ろを通ると、厨子の向こう側へ出た。そこで靴を脱ぐと、小柄な僧侶がお辞儀をしてわたしたちを中へ案内してくれた。厨子の中はあらゆる物が極彩色に輝き、エネルギーがウワンウワンうなっていた。巨大な仏画や砂マンダラをゆっくり眺める暇もなく、僧侶に案内されて床の絨毯の上にすわると、法王が笑顔でうなずきながら姿をお見せになった。法王は台座の上に座ってから、わたしたちに英語で挨拶をされた。

秘書がわたしたちの質問を手渡すと、法王は瞑想や仏教についての質問に簡単に答えてから、次の質問用紙を開いて、読み上げられた。

「わたしは医療関係の仕事をしていますが、重い病気にかかっていることが最近わかりました。病気のためにほかの人を助けることができないのではないかと心配です。アドバイスをお願いします」

ジョージの質問だった。ダライ・ラマは質問用紙を手に一瞬じっとしていたかと思うと、ニコッと微笑まれた。

「まず**自分**を助けなさい」と言われた。

「そうしなければ、ほかの人を助けることはできません。そのことで悩まないように。わたしたちは誰しも悩みがあります」

法王はカラカラと笑うと、「**わたしだって**悩みがあるんですよ。悩みがあっても精いっぱい生きる。それで充分だと信じるのです」とおっしゃった。

次の質問用紙を読む法王のお顔が思慮深くなった。

「中国政府の圧政に苦しむチベットの人々をどのようにして助けたらよいかという質問です」

中国の占領下にいるチベット人の未来を私たちグループの人たちは誰もが心配していた。中国の侵略以来、七万人余りのチベット人が殺され、しかもその多くが僧侶や尼僧だと聞いている。僧院の多くが破壊されたのをニュースの写真で見たし、貴重な宗教的な遺産が中国人たちによって組織的に盗まれてきたことをニュースで聞いていた。それに対して私たちに何ができるのだろうか。

ダライ・ラマの答えはシンプルだった。

「助ける機会があったら、どんなに小さなことでもいいから行動してください。政治面でも経済面でも、直接何かできる場合も祈ることしかできない場合も、とにかく行動してください」

次に法王は最後の質問を取り上げて読まれた。

「カーラチャクラの最後の日にイニシエーションに参加する機会があります。ライフスタイルの違いから自分たちにはイニシエーションの誓いを実践できないとわかっている場合に、どうやって誓いをすることができるでしょうか」

イニシエーションの誓いには多くの食物を一生断つことや、派手な服を着ない、性的関係を結ばないなどの誓いも含まれ、さらに特定の祈りや儀式を行う誓いも含まれる。

法王はしばし無言でいらした。やがて深い慈悲を感じさせる態度で軽くお辞儀をされ、答えられた。

「祝福として受け取りなさい」

そして弟子僧に合図をすると、立ち上がられた。

「こちらへ」と秘書が言った。「法王がいっしょにお写真を撮ってくださいます」。

わたしたちはただちに立ち上がって法王を取り囲んだ。法王がチャイとメアリーマーガレットの手を取られ、弟子僧が床に置いてあったカメラをつかんで写真を撮った。

「ダメだ。ダメだ」と法王がおっしゃった。「フラッシュがたかれなかったよ。もう一度」。僧侶は別のカメラを取って、もう一度撮った。

「ちょっと待って」と法王がおっしゃった。「フラッシュがまたダメだ。もう一度やり直し」

僧侶は笑って三つ目のカメラを取り上げた。今度はシャッターを切ると、フラッシュがたかれた。

その後、ダライ・ラマは祈禱布を持ったわたしたちの手をひとりずつ両手にはさむと、祝福してくださった。

わたしは祈禱棒を差し出して由来を説明すると、「とてもきれいですね」と言って秘書に手渡された。するともう法王の姿はなかった。

キャロリンがわたしを肘でつついて、「最後のカメラね、あれ、わたしのだったのよ」とささやいた。わたしたちはまだ興奮でぼうっとしたまま、一列になって厨子から出ると、席に戻った。カーラチャクラ灌頂《かんじょう》がちょうどはじまるところだった。

翌朝、わたしが尋ねもしないうちに、メアリーマーガレットが前日の日記をくれた。

今日は本当に別世界、異文化、不思議な世界に運ばれていったような気がする。法王の謁見はわたしの期待をはるかに超えるものだった。いにしえの巨大な仏画が壁全体をおおう中で、えも言われぬ砂マンダラを目にしながら法王の前に座った体験は、今までのどんな体験とも違う。想像だにできない体験だ。集中したパワーに満ちているのだが、どこも明るくて軽い感じだ。法王が、「ダライ・ラマだって悩みがあるんですよ。たくさんの悩みがね。誰でも悩みはあります」とおっしゃったときの笑い声。法王はわたしたちに向かって、世界平和に努力し、人を傷つけない生き方をし、チベット人の解放のためにできるだけの努力をしてほしいと頼まれた。この非常に古式豊かな環境の中でそうした現実的な視野も持ちつづけていらっしゃる。神秘と不思議に満ちた時間。短かったが、ああ何とすばらしい時間だったことか。一生忘れられない体験だ。心から深い感謝の念が湧いてくる。わたしの知っている人みんなにこの瞬間を味わってほしい。知っている人みんながひとつの大きなエネルギーの束になっているところを想像して、それをこの瞬間に持ってくる。ここにいるのは少人数のグループだが、実際はもっともっと多くの人たちのためにここに来たような気がする。厨子はエネルギーに満ちてはち切れそうだった。謁見の後、エネルギーにあふれてとてもジッと座っていられない気がしたので、村の上をくねくねと続く山道を散歩した。歩きながら、「夢じゃないんだ。本当なんだ。本当にここにいるんだ。これは今起きていることなんだ。世界でもっとも聖なる山といわれる山腹を走る古代からの道をわたしは今歩いているのだ。ここには聖なる雰囲気がある。ああ、なんてすばらしいんだ」と考えていた。それでもまだすべてが夢のような気がした。ときどきメアリーマーガレットに起きていることを自分が眺めている気分がするが、そのときの感覚に似ている。あとから何回も思い出しては、味わい返し大切に取っておけるように、ジッと見つめるのだ。

　これまで最後の灌頂《かんじょう》をいただくかどうか迷っていた。というのも、灌頂《かんじょう》にある禁欲生活の誓いを全部守ることなど、とてもできないと思ったからだ。それにそうしたいとも思わない。そこでどうしたらよいのか迷っていたら、法王がいとも簡単に解決してくださった。そのことで質問したら、法王の答えは、「灌頂《かんじょう》を祝福として受け取りなさい」ということだった。何という単純明快な答え！

　まさにぴったりの答えだし、簡単にできることだ。それなら深い感謝と尊敬の念をもって受け取ることができる。

（注10）祈りの儀式に使われる棒で、ネイティブアメリカンにとって神聖な鳥の羽や、その他の聖なる物がぶら下げてある。

19　カルパの四日目――空《くう》の瞑想と空間

バーソロミューは咳払いをひとつしてから目を開けた。

「みなさん、おはようございます。今日はこれから、わたしたちの〈道〉とも呼べる内なる静寂の道と、ここ数日のあいだカーラチャクラ灌頂《かんじょう》で聴いたこととの共通点を指摘したいと思います。人は表面的な違いに目がいって、その奥にある共通点を無視しがちです。真理はひとつしか存在しません。そしてこのただひとつの真理には独断的な教義は一切含まれていません」

メアリーマーガレットが体を楽にすると、バーソロミューは話をつづけた。

「昨日の法王の話を注意して聴いていた人は、わたしたちがシムラで話した意識のピラミッドと同じことがそこで話されていたことに気づいたはずです。法王は、教典に従う方法とタントラの道の両方について指示をあたえたあとで、タントラについてさらにふたつのアプローチを示しました。高度な道を歩けると思う人と、そんな険しい道は歩けないと思う人とのふたつです。険しくない道を選んだ人に対しては、心配しないで、ただ自分に受け入れられる教えだけをできるだけたくさん吸収するようにと法王は言いました。法王はすべての〈子ども〉たちを励まし力づけるすばらしい〈父親〉です。そう思いませんか。法王の法話は、ピラミッドのどこにいても同じように励まされ安心させてもらえる見事な内容でした。

法王がタントラ道の中でも最高峰の部分について話していましたが、あれは空《くう》の瞑想のことでした。瞑想の話の中では、イメージ法が瞑想を達成する道具として紹介されました。また、誰でもそう望む者は仏陀のどの姿を使っても瞑想することができると法王は明言しました。さらに仏陀が多くの弟子たちの瞑想を手助けして、仏陀や菩薩のすばらしいイメージを見られるようにしてくれると話しました。瞑想中に現れるこうした仏陀や菩薩の姿はそれぞれかなり違います。なぜでしょうか。法王がその点についてはっきり説明しましたが、人はそれぞれ異なるニーズをもっているからです。心やさしき父親の役をになう法王は瞑想にどの姿を使うかを指図したりはせず、各人が自分の内なる要求に従うようにうながします。

法王はさらに空《くう》の瞑想についてふたつのアプローチがあると説明しました。ひとつは、神が自分の外にいると想像して、その神の中にある空《くう》について瞑想する方法です。もうひとつは、自分を神と見て、自分の中の空《くう》について瞑想する方法です。神々について瞑想するというのは実にすばらしいアイデアだと思います。というのもいわゆる〈低いレベル〉のイメージではなく、無限の存在について瞑想するように人を仕向けるからです。これまでのわたしたちの話の中では、完全覚者や神の姿をイメージに描く必要について話すのをつい忘れていました。そこでまず、自分の外側にあるものはすべて、あらゆる空間を満たす純粋な意識、つまり空《くう》をすでに含んでいるのだと認めてください。したがって目を開けるたびに、あなたは空《くう》を見ていることになります。あらゆるものの核心には空《くう》があるのですから。

あなたのまわりにある空間ほど純粋なものはありません。大気汚染の一番ひどいときにロサンゼルスにいたとしてもそうです。空間そのものが汚染されることはありません。空間が汚されることは**絶対にあり得ないのです**。何よりも醜く〈邪悪〉で危険な像を金で作ったからといって、ゆがんだ像が金の性質を変えることはないのと同じです。空間の性質は本質的にまったく純粋なので、空間の中に何があろうとも空間の本質は変わりません。ですから良い空間や悪い空間、高い空間や低い空間があると考えるのはナンセンスです。**どれもすべて**ひとつの空間です。

医学的研究によると、あなた方の体の九十九パーセントは空間だそうです。すごい空間の量ですね。空間に関する既成概念を残らず捨て去って、意識をその神秘に向けると、その空間が形も言葉も境界もない純粋な意識だと気づきます。それもまた、〝大いなるいのち〟そのものであり、膨大で無限です。それには何も加える必要もなく、何も取り除く必要もありません。何かを求める必要もなく、浄化される必要もなく、何かを手放す必要もありません。それはただそれであるだけです。こうした空《くう》に関する基本的な教えに関する限り、仏教の道とわたしたちの道は似ています。

聴衆の中にはカーラチャクラ灌頂《かんじょう》が何なのかまったく理解していない人たちもいますが、それでもダライ・ラマの法話はここにいる一万七千人の人たちの心に訴え、魂を揺り動かします。多くの人たちはただダライ・ラマを見たいがためにやってきます。同時に、チベット仏教の高僧たちもたくさんいて、タントラ道のもっとも高度な灌頂《かんじょう》を受け取るために参加しています。こうしたふたつのまったく異なるニーズがあるのですが、両方とも満たされています。ダライ・ラマの法話を聞くときにはこの点を理解して、ダライ・ラマがしていることのすばらしさだけでなく、巧みなユーモアや話術に支えられた楽しくて魂を揺さぶる話し方も評価してください。法王が話すときにはパワーが生まれ、人々はそれを感じます。すばらしいことです。ですからただリラックスして、心を静め、意識をとぎすましてください」

バーソロミューはまた後ろに寄りかかった。

「法王が覚者かどうかという議論がいろいろなされていますが、それは、覚者がどういう生き方をすべきかということに関して意見が異なるからです。一般的に言って、覚者はひとつの場所にとどまってそこに大勢の人たちが教えや静寂の境地を求めてやってくる、というイメージがあります。それも真実ですが、覚醒の生き方にもいろいろあって、生き方に決まりはありません。

悟りを開いていない者が仏法を教えることはできないと法王は明言しました」と言って、バーソロミューはわたしたちのほうに身を乗り出した。

「それで法王は何をしていますか。仏法を教えています。ですから法王が覚醒しているかどうかという議論はこれで終わりにしましょう。答えは法王自身の口から出されました。

ダライ・ラマはまた、政治的な手腕にたけていて、政治の世界につきもののナンセンスを上手に切り抜けています。非常に困難な問題に直面しても、法王はユーモアの精神やバランスを失いません。何百万人という人たちから精神的指導者とあおがれている法王がどれだけの精神的なプレッシャーを受けているか、想像してみてください。それに加えて、自分たちの国に起こったことに対する人々の激しい悲しみや憤りや恐怖があります。法王はチベット人の父親役なので、こうした感情のすべてを吸収するスポンジの役も果たします。これほど重い責任を負ったむずかしい役割をになっているわけですが、そういう立場にある法王の姿はどうですか。天真爛漫で笑いの絶えない生き生きとした存在ではありませんか。あなた方が昨日厨子の中で謁見を得た人はその前日の人とは同じではありません。昨日会った人は以前よりずっと強烈なエネルギーを持っていました。というのも、法王は毎日パワーを増大しているからです。あの会見は強烈なエネルギーに満ちていて、目で見える以上のものを法王は生みだしていました。法王は毎晩何時間もかかって翌日の儀式の準備をしては、そのエネルギーを儀式に注ぎます。これからもエネルギーはますます増大していくでしょう。

それとは別に、ヒマラヤ山脈には膨大な量の潜在エネルギーがあることも忘れないでください。灌頂に出かけるにしても、山道を散歩するにしても、または一日ここで休むにしても、この山のエネルギーに素直に自分を開いてほしいと思います。ここでの体験に影響されて、あなた方の多くが細胞レベルで自分を閉じています。この場所があまりに〈異質〉なので、肉体的な恐怖があなた方の中で増大しているからです。心の奥底に潜む恐怖のメッセージに細胞が従っているのです。

あなた方の多くが心理的に不安定になっていて、とても幸せかと思うと、急に不安になったりして、苦痛と恍惚感とのあいだを揺れ動いています。これもすべて、二極性から成る人間界を生きることの一部にすぎません。それはそれでよいことであり、何も悪いことはありません。何も変える必要はありません。俳優が入れ替わったり筋書きが変わったりする演劇を見ているつもりになって、自分の中のさまざまな反応を観察することができれば、それで大丈夫です。常に上機嫌であろうとし、まわりの人間も常に幸せであるようにと努力しているとしたら、その人は肝心な点を見失っています。大切なのは**すべての感情**を体験し、自分の体験が刻々と変化していくことに気づき、この状況があの状況よりも好ましいなどと思わない心境になれるのだとわかることです。

落ち込んでいる人がいたら、元気を出せと言うのではなく、その人の惨めさに感心してください。相手が元気いっぱいなときに感心するのと同じようにです。そこであなたがすべきことは、相手が自分の一部を見せてくれているのだと思い出すことです。**自分は**今それを表現していないが、いつでも**その可能性**があるのだと思い出すことです。意識をとぎすまして、はじめから終わりまで観察しましょう。朝起きたとたんに不機嫌な日もあれば、上機嫌の日もあるでしょうが、どちらでもいいことです。大切なのは、おたがいを観察し合い、自分自身を観察することです。なぜなら、その結果、人間の意識がたえず変化する様子がよくわかるからです。まわりの人間が常に上機嫌であるべきだと考えるのをやめて、人間意識のあらゆる面を受け入れることを**学ばなければなりません**。あなた自身がいつも笑顔でいるわけでもないのに、まわりの人たちがいつも笑顔であることをどうして期待できるのですか。笑顔のときもあればそうでないときもあるのです。人生の目的は永遠に幸せに暮らすことだという教義にしがみつく人は別として、どの状態のほうが好ましいということはないのです」と言ってから、バーソロミューは身を乗り出した。

「みなさん、永遠に幸せに暮らすというのはおとぎ話の世界であって、〝大いなるいのち〟の最終目的ではありません」と明るく言って微笑んだ。


「昨日の謁見の際、法王が言ったことの中でもっとも大切な言葉は、『わたしだって悩みがあるんですよ』でした。『わたしだって悩みがあるんですよ』と覚醒したダライ・ラマが瞳を輝かせ微笑みを浮かべて言いましたが、そこには自己憐憫もなければ、悩みがあってはいけないという態度もありませんでした。あなた方も法王も、人間の浮き沈みのサイクルから逃れることはできないし、それから逃れる必要もありません。法王はそのことを知っています。

　昨日の儀式の中で、弟子僧が法王に何かを差し出したとき、法王がふざけて弟子の頭をポンとたたきましたが、あのすばらしい瞬間の行為に気づきましたか。人々があんまり深刻なので、法王はにこにこしながら頭をポンとたたいたわけです。目を覚ませ！　あのポンはすばらしい贈り物でした。あの若い僧侶は手に持っていた物をよく落としませんでしたね。ユーモアの精神と遊び心が発露した見事な瞬間でした。世界中の人たちがビデオであれを見るでしょうが、聖人の概念が変わっていくかもしれませんね。あの自然な行為を通して、ダライ・ラマは賢人がどういう振る舞いをするかという偏見を正しました。法王の中には、自分らしく行動するすこぶる人間らしい意識とともに、驚くべきパワーに躍動する意識とがあります」

バーソロミューは手を降ろして、水を飲んだ。

「わたしがわざわざこの点を指摘するのは、悟りの境地に達すると退屈な人生になるだろうと怖れて、覚醒に熱心でない人が多いからです。法王を見てごらんなさい。法王は退屈しているように見えますか。法王は世界中を旅行して回り、祈ったり瞑想したり、多くの人たちに会ったり笑ったり、行くところどこでも平和と統一の概念を広げたりして実に楽しそうです。法王は心の奥底では、こうしたことはどれも幻想劇にすぎず、彼が〝仏性〟と呼び、わたしが〝純粋な意識の空間〟と呼ぶ全体の中で、生まれたり消えたりしているだけだと知っています。この生まれたり消えたりする幻想のドラマの中には、ダライ・ラマが〝透明な光〟と呼び、わたしが〝大いなる本質〟と呼ぶものが含まれています。

〝透明な光〟には個性もなければ、好みも価値判断もありません。いったい〝透明な光〟に関してどれだけのことが言えるでしょうか。形も色もなく、常にただ透明なのです。霊性のピラミッドのなかでもこれはもっとも高度な教えで、ダライ・ラマがそれを明らかにしました。ここで話は振り出しに戻ります。形ある物や顕在意識が生じる以前に存在していた〝大いなる光〟が実は〝透明な光〟でした。もしあなたが日々の生活の中で、自分やまわりの人やまわりのものすべての中に〝透明な光〟を見つけようとするなら、あなたはその実体に目覚めるでしょう。

これらの偉大な存在たちが教えているのはこういうことです」

彼はカイラス山のほうをふたたび指して言った。

「やがていつか、これらの雄大な山々が別の形態に移行する日が来ます。あなた方も同じように別の形態に移行します。形は問題ではありません。〝透明な光〟がすべてをつかさどっているのですから。仏教はすばらしい教えであり、敬意を表す価値があります。その頂点には意識に関する真理があり、その底辺には希望と体系と組織があって、それらを必要とする人たちが覚醒への道を歩きはじめる手助けをします。ということは、あなた方全員が仏教徒になる必要があるのでしょうか。もちろんそうではありません。けれどもこの土地を離れるときには、地球に現れた偉大な霊性の道のひとつに数日間でも浸りきったことに感謝してください。そして仏教の教えは根本においてはバーソロミューの教えと何ら変わりません。何か質問がありますか」

ローレルが体を真っ直ぐにして、「覚醒が道の最終地点ですか」と訊いた。

バーソロミューはおもしろそうに彼女を見て、「ダライ・ラマはすべてやり終わったと思いますか」と答えた。

「ダライ・ラマが到達したのは、その気になれば、今創造している意識のレベルよりはるかに広大な意識を創造できる地点です。あなた方が歩んでいる道は常に変化しています。覚者が前に進むたびに、あとにつづく者たちに新しい情報をあたえてくれます。これらはすべて、無限に変化しつづけ、柔軟に拡大し深化しつづけます」

ローレルは両肩をすくめた。「それはまるで、それに到達したら……」。彼女はそこで言いやめて、最初から言い直した。

「わたしの中ではいつも葛藤がつづいています。到達したいんですが、到達したら、それでもう終わりになるんじゃないかと心配です」

「でももう法王を観察していて、それで終わりじゃないとわかりましたね」とバーソロミューは答えた。

「何というすばらしい贈り物でしょう。いつも言っていることですが、覚醒は非常にワクワクするもので、遊び心に満ちており、常に拡大しています。あなたはこのわたしが（わたしが何であれ）もう終わってしまった無用のものだと思いますか。だとしたら、意識がなくなることになります」。彼はぐるっとまわりを見回した。

「わたしが空《くう》に戻ってこんなふうに座っていると思いますか」。メアリーマーガレットはうつろな目をして体をぐにゃっとさせた。「空《くう》だらけになるのでしょうか。とんでもないです。退屈してしまいますよ」と言って、彼は体を真っ直ぐにした。

「人生がどのように展開しようとも、人生のしたたかさと感激を充分に味わってください。それには無数の方法があります」

気のパワー

「多くの人にとって、一日の時間がたつにつれて、意識を集中するのがむずかしくなります。そうじゃありませんか」

わたしたちは同意した。

「外部の世界が騒がしくなるにつれて、気が散ります。気が散ると精神の集中が失われ、内なるパワーのことを忘れてしまいます。霊性の道というのは結局のところ、覚醒にたえず意識を向けて幻想の壁を突き破り、真理に到達することです。これにはいろいろな方法がありますが、その中のいくつかについて話しましょう」

彼は一息ついて、水を飲んだ。

「昨日ダライ・ラマは気を強めることについて話しましたが、気にはいくつかの意味があります。ここではその人の個人的エネルギーまたは生命力と呼びましょう。このエネルギーは頭で考えるだけでは出てきません。思考というのは知的活動で、その人のすべてを巻き込む活動ではないからです。けれども出発点としては妥当です。たとえば、家を建てているとして、家の構造に問題があるとします。その問題に意識を向けてそれを心の目で見るようになると、答えの輪郭が見えてきます。心の中から何かがわき起こってきて、それと出会い、それを受け入れ、それと同意します。体のすべてが知的概念と融合して何らかの行動を生み出します。

ほかの例も出しましょう。たとえば、引っ越すべきか、車を買うべきか、新しい仕事に変わるべきか、子どもを産むべきか、結婚すべきかなど、あなた方人間が直面する心躍る選択肢を前に悩んでいるとします。心を集中して自分の選択肢を穏やかな気持ちで観察していると、物事がだんだんはっきり見えてきます。さらによく気をつけていると、体の中でエネルギーが動きはじめるのがわかります。人を行動に駆り立てるのは知的活動の結果ではなく、むしろ充満した体と心《マインド》の動きの両方です」

彼はそこで笑った。

「体が心に従っていなかったら、あなた方は今このインドにはいません。あなた方はこれまでたくさんの知的インスピレーションを受け取っていますが、かならずしもそれに意識を集中して行動に移してはいません。したがってそうした分野ではパワー、または、気を集めていません。人生のひとつの分野でパワーを集めると、それが他の分野にも現れます。あなたの存在のあらゆる部分からパワーがどんどん集まってきます。ある意味では、人生の目的は、気をたくさん集めて分離の幻想を打ち破り〝真理〟に到達することだと言えます。何が気を集めるのでしょうか。まず思考やインスピレーションに意識を向けたら、自分にとっての真理を発見し、それに従って行動しましょう。途中でやめないで最後までやり遂げ、意識を常にとぎすましていてください。そうすれば気が集まります」

彼は身を乗り出すと、わたしたちに近寄ってジッと見つめた。

「みなさん、ここに来るだけの気をよく集めましたね。おめでとう」と言って、さらに「グループのメンバーや旅の途中で出会った人たちを受け入れて、思いやりのある態度をおたがいに取るだけの気も集めましたね。よくできました」とつけ加え、微笑んだ。

「そのためにはたくさんの気が必要でした。ときには自分で考えている以上の気が必要だったことでしょう」。彼は後ろに寄りかかった。

「常に完全に意識をとぎすましていてください。気が散らないように気をつけてください。**意識を集中する**と気が集まります。

もうひとつ、気を集める方法があります」とバーソロミューはつづけた。

「激しい怒りや恨みを感じて、相手を拒絶して自分の殻に閉じこもるか、または相手を攻撃したくてたまらないときに、そうしないのです。そうすると気が集まります」と彼はわかりやすく説明した。

「人を攻撃したくなったり、怖れから自分の殻に閉じこもりたくなったりしたとき、その衝動に従うたびに、気が分散します。突然あなたは何かを失って、体のエネルギーがなくなったと感じます。この喪失感と対照的なのが、誰かに向かって思いやりのある行動を取ったときの体の感覚です。その場合、自分自身も相手も何かを受け取ります。ちょうど両手で何かを押しやってパワーをまき散らすのと、自分のほうに引き寄せてパワーを取り入れるのとの違いです。目の前にいる人に向かって怒鳴ったり地団駄踏んだり、どうにかして自分の気持ちをぶつけてやりたいと思ったときに、その衝動を抑えて、何らかの形で相手と静かに心を合わせると、気が集まります」

バーソロミューはメアリーマーガレットの膝に片肘をついた。

「気を分散させるもうひとつの行動について話しましょう」と言って、わたしたちのほうに身を乗り出した。

「あの人のここがいけない、あそこがいけない、と心の中で思うたびに、そのあいだじゅう、**あなたの気**が減っていきます。まわりの世界をたえず心の中で批判していると、気がどんどん減っていきます。あなたは気を増やすか減らすかのどちらかだということを理解してください。あなたはどちらかを選ぶしかありません。今日疲れているなと感じている人は、たぶん昨日、気のエネルギーを失ったのでしょう。エネルギーを肉体的にも精神的にも感情的にも増やせば、その人に内なる力がついてきます。とても単純明快なことです」と言って、彼は体を楽にした。

「今この瞬間に完全に意識を向けていれば、そうなります。たとえ不満だらけに感じていても、です。いつも笑顔でいなければ目覚めた意識でいられない、ということではありません。怒っているときでもこの瞬間にいられます。自分の怒りや緊張感や火照った体の部分に気づいていればいいのです。

自分がしたことについて罪悪感を持っている人がいたら、過去の行為についてくよくよ悩んで罪悪感をいつまでも持ちつづける代わりに、別のやり方を試してください。罪悪感を生んだ行為を二度と繰り返さないとはっきり決意するのです。危害をあたえる行為をしないと決意することは気を増やします。または、自分が誰かを傷つけたと思うのなら、その人のところに行って和解の努力をすることを検討してみましょう。どちらにしても、その問題と向き合って解決策を講じ、あとはもう忘れることです。罪悪感は気を減らす大きな原因のひとつです」

ダーシーが手を挙げて、「ここにいるあいだ、わたしはこの土地や人々やダライ・ラマを通して強烈なパワーを感じていますが、その分、家に帰るのが怖くなっています」と真剣な顔をして言った。

「わたしたちがこうして集まったときに生まれる強烈なパワーを多くの機会に何度も体験しましたが、家に帰って日常生活に戻るとそれがなくなってしまいます。このパワーを失いたくないんです。どうしたらいいでしょうか」と訊いた。

「その答えはあなたが前に何度も聞いた答えです」とバーソロミューは答えた。

「**どこにいても**、まわりで何が起きていようとも、その瞬間に意識を向けることです。それしかありません。あなたが家に戻ったときに気が散るのは思考《マインド》のせいです。家ではしなければならないことがたくさんあるので、頭をたくさん使います。ここでは何も考える必要はありません。生活上の細かなことはほかの人が面倒を見てくれるし、あなたは何もしないでただパワーを体験していられます。忘れてほしくないのは、カリフォルニアのサンタ・クルーズでもここでも、今この瞬間には同じ量のパワーがあるということです。あなたが意識を集中できないのは、パワフルな瞬間とそうでない瞬間があると**信じていること**が原因です」

彼はそこでちょっと笑ってからつづけた。

「言っておきますが、あなた方はみんな、ここでダライ・ラマと過ごした期間と同じくらい、ここまでのバス旅行でたくさんの気を集めましたよ。勘違いしないでください。ダライ・ラマと過ごす時間は確かにすばらしいですが、バスでの旅行中でもあなた方の意識は大きく開いていました。一人ひとりが瞬間に生きていました。恐怖やいらだちや怒りを深く味わいました。見ていておかしかったです。心の底から一生懸命に祈りましたね。みなさんとてもよくやりました」

バーソロミューはそこで一息つくと、「ついでにお知らせしておきますが」と明るい声でつけ加えた。

「帰りはあれほどひどくはなりません」。わたしたちはみなホッとした。

「昨日の話を覚えていますか」と彼は話をつづけた。

「一番高度なレベルにあるラマ僧だけが怒りの道を教えることができるとダライ・ラマは言いました。その点を気との関連で話しましょう。自分が霊的に成長するためのテクニックとして怒りを使うのなら、怒りも役に立ちます。怒りがわき起こってきたら、その存在を認め、自分の中にとどめます。怒りを人にぶつけてはいけません。怒りというのは、もっとも深いレベルでは、相手と**何の関係もありません**。相手を攻撃したり、いつまでもそのことを考えてむしゃくしゃしたりして、気のパワーを失わないでください。あなたのパワーなんですから。怒りとともにいて、怒りを独占しましょう。怒りを味わい、理解し、親しくなって、何を**自分に**言いたいのか発見しましょう。体の中で存分に感じ取りましょう。心《マインド》にどんなイメージが浮かんできますか。**善悪の判断をしないように**。これは霊性の進化の道です。気を集めているのです。善悪の判断なしに怒りをじっくり味わっていると、怒りの核心にあるものが発見できます。それはあらゆるものの核心にあるのと同じで、純粋な意識であり〝大いなる自己〟であり神です」

バーソロミューは立ち上がって、その場を行ったり来たりしはじめた。

「はい、それでは、性的な気について話しましょう。自分で認めるかどうかは別として、あなた方は多くの人に対して性欲をいだいています。けれども自分が魅力を感じた人すべてと行動を起こすと、あなたの人生にとんでもないごたごたが起きるかもしれないので、実行に移さないことをおすすめします。その性の炎をしっかりつかんで離さないでください。強烈なエネルギーはみなそうですが、性エネルギーはあなたに多くの教えをもたらしてくれます。このエネルギーを使うために性的な関係にある必要はありません。性エネルギーは肉体を持っていれば当然出てくるもので、霊的な進化を大きく助けてくれます。こうした感覚から逃げたり、反対に無理に追いかけたりしないでください。ただその感覚をぐっと上に引き上げて、ハートの中に入れ、溶かしてください。むずかしいことではありません。セックスの相手がいる人にだけ神が微笑みかけ、いない人にはしかめっ面をする、またはその反対をする、ということはまったくありませんから、今この瞬間にあるものを使ってください。パワーをハートに引き上げれば上げるだけ、ハートが温かくなります。こうして性的な気が集まります。やがてある日、ハートが非常に熱くなって炎となって燃え上がります」

彼はそこでいったん話をやめて腰を下ろした。

「これに関して何か質問がありますか」

リンダがそれに応えて、「わたしにとって効果的だと思われ、わたしがこれまで使ってきた方法は、愛に心を開くことです。そこでわたしが知りたいのは、愛の奥に何かあるのかどうか、ということです」と訊いた。

バーソロミューは彼女に向かっていたずらっぽく笑うと、「それには答えないでおきましょう」と言った。

「そのままつづけてください。今のままでつづけてください。あなたはすぐそこまで来ていますよ」

「ちょっとしたヒントみたいなものでもいただけませんか」と彼女は微笑みながら尋ねた。

「この段階であなたの邪魔をする気は毛頭ありません」とバーソロミューは笑いながら答えた。

「何年もスキーのレッスンを受けてきて、これからはじめてひとりでスキーをするところだ、と想像してください。あなたがちょうどうまく滑っているところに先生がやってきて、『ちょっと待って。もうひとつ教えることがあった！』と叫んだとしたら、どうなりますか。あなたは見事にその場で倒れてしまうでしょう。ですからそのままつづけてください。これ以上、言葉はいりません。あなたが必要な助けはいつでも受けられます」

エゴとは何か

ガイが手を挙げ、それにバーソロミューがうなずいた。

「今の瞬間から意識が一番離れるのは、とってもうれしいときやとっても悲しいと感じているときで、それはエゴと関係があると思います。でも、今の瞬間に意識があるときには、エゴから自分が離れている気がするのですが、エゴって、いったい何ですか。エゴも僕の一部なんですか。それとも僕とは別のものですか」と彼は尋ねた。

バーソロミューは後ろに寄りかかって楽な姿勢を取ると、「とっても良い質問ですね。それにはいくつもの答えが考えられます」と言った。

「ここではひとつの定義を述べるだけにします。エゴとは想念の集合体で、過去の記憶を現在に持ち込むときに生じるものです。過去からとぎれなくつづくひとつのエゴというものは存在しません。けれどもあなた方はまるでそうしたものが存在するかのような生き方をしています。エゴは生まれたり消えたり、たえまなく変化しています。あなた方はこのたえず変化するエゴが自分の人生を支配していると思っていますね。まったくのナンセンスですよ。人は休むことなく〈自分〉というアイデンティティを創造しつづけていますが、それは、何か考える対象となるもの、いじくることができるもの、〈本当の自分〉と呼べるものがほしいからです。人は今この瞬間にありのままにいることよりもそのほうを好みます。

みなさんに質問してもいいですか。エゴを探しているのは誰ですか。エゴを壊そうとしているのは誰ですか。誰が音を聞いているのですか。誰が感じているのですか。誰が考えているのですか。こうした質問に答えるには、その瞬間の内容を詳しく調べる必要があります。調べてみると、そこには、ひとかたまりの記憶が生まれては消え、たえず変化しているのがわかります。まるで沸騰した湯におどる泡のようです。生まれたり消えたりしないものは、そうした水泡をながめている〝わたし〟で、常にそこにあります。**それは**変化しません。詳しく調べてみると、エゴというのは不変の**継続した実体**ではないことがわかります。記憶が繰り返し**不完全な形**で作り直したものです。記憶は過去の出来事の再現にもなっていません。昨日起きたことを思い出す場合も、その出来事のすべての面を完全に思い出すわけではけっしてありません。過去のイメージの一部を不完全に回想するにすぎず、しかも生気を欠いています。

今の瞬間の深い静寂の中にあるとき、人はこの分離した〈自分〉を感じません。思考が止まったとき、そこにあるものは思考しない純粋な意識です。〈自分〉はその一瞬だけ消え去り、やがてまた思考が生まれます。あなた方はこれを何度も繰り返しています。

人といっしょにいるときでも、今の瞬間に意識を向けて、内なる静寂から話せるようになれます。人々がもっとも深い愛を感じ合うのは、ふたりが、過去を思い出すことも未来のことを考えることもなく、今この瞬間に意識を向けているときです。ふたりはおたがいが**今この瞬間**どんな人間であるかを見ます。『あれをしたから、悪い』とか、『あれをしたから、良い』という発想はそこにはありません。あなたがいつでも人にあげられる贈り物は、相手の人と今この瞬間の静寂の中にいっしょにいることです。これを練習してみてください。すると四十年来の知り合いがまったく新しい人に見えてきます。まわりの人たちがいかに美しくてすばらしい人たちかがわかって、びっくり仰天してしまうでしょう。彼らはあなたが思っていたような人ではなかったことがわかります。あなたの誤った記憶が**あなたの考える通りに**彼らを再創造しつづけているのです。あなた方は相手にこうあってほしいと思うことや相手がこうだと**自分に**都合が良いと思うことにもとづいて、おたがいを創造し合っています。そうしておいて、自分が創り出した相手が好きだとか嫌いだとか言うわけです」

彼はわたしたちの目をじっと見つめてから、「今話したことは理解するのがむずかしいですか」と訊いた。

みなが首をふって否定したので、彼は話をつづけた。

「今この瞬間にあるものが何であれ、それがそこにあるのは、本当に起きていることから自分の気をそらすためにあなたが創造したからです。それが理解できると、エゴは、勝手に選んだ過去の記憶が本当のあなただと信じさせることができなくなります。

人は多くの時間を過去や未来について考えることに費やしますが、それは現在に意識を置いた場合に生じるパワーから逃げているからです。これは今にはじまったことでなく、生まれてからずっとしてきたことです。あなた方は一度にたくさんのことをしています。楽しんでいるにしろ、惨めであるにしろ、とにかくいつも忙しくしています。たまに〝深奥の自己〟があなたを壁にたたきつけると、あなたはハッと動きをやめて静かになります。わたしもまた、役目のひとつとして、あなた方を少し揺さぶって目を覚まさせ、壁にたたきつけられないですむように方策をあたえます。

あなたがすべきことは**ただひとつ**、雑多な思考や行動や感情の渦巻く中で心を静める方法を学ぶことです。ダライ・ラマを見てごらんなさい。法王は信じられないほどの忙しい日程を毎日こなしていますが、それでもいつも心は落ち着いています。わたしは何も今していることをやめなさいと言っているわけではなく、ただ、その行為の中にあって心を静めなさいと言っているのです」

シャロンが手を挙げて、「わたしはまさに壁にたたきつけられる寸前までいきました。わたしはいつも忙しくしているんですが、それというのも、動きをやめたら自分というものの継続性がなくなる、つまり自分という感覚がなくなるような気がするからです」と言った。

「ダライ・ラマを見てごらんなさい。法王は静寂の中に生きていますが、何も失ってはいないのがわかるでしょう。それどころか、法王は〝大いなる自己〟を手に入れました。ダライ・ラマはぎっしり詰まった日程や肩に重くのしかかる責任などについて心配しません。彼の役目は、目の前にいる一人ひとりに対して意識をとぎすますことです。法王は人々の魂が目覚めることに関心があるのです。どれほど予定が詰まっていても、法王の任務は常に人々を助けることです。法王がそこにいるだけで、人々は、『わたしの意識は目覚めているだろうか』『わたしの純粋な意識はどこにあるのか』『わたしは真理がわかっているだろうか』『わたしはエゴなのか、それとも〝大いなる自己〟なのか』と自分に問いはじめます。法王は何百万という人々の精神的な指導者になるという義務を引き受けたわけですが、それは非常に重い責任です。

あなたも今の瞬間に意識を置くようにすると、人生にもっと広がりが出てきて、創造的になります。肉体を持てば当然、人生に継続性が出てきますから、そのことは心配しないでください。わたしの言葉を信じてください。あなたの言う継続性は単に記憶によって生まれるものにすぎません。あなた方はまだ、人生を生きていくには頭をがむしゃらに働かせていないといけないと思い込んでいます。でもそれは本当ではありません。繰り返しますが、非常にダイナミックで生き生きとした神秘的な目覚めたパワーがあなたの人生のあらゆる瞬間に流れています。そのパワーは、あなたという存在のあらゆる面を知り、目覚めていることを任務としています。そしてそれはきちんと任務を果たします。想像もできないほど膨大な潜在的な可能性の観点から見たら、人間の小さなエゴなどまったく取るに足りない存在です。わかりますか。どうか過去や未来のことばかり考えるのをやめてください。今この瞬間に意識を置いていれば、次の瞬間がかならずやってきて体験できるのだと信じてください。それはリスクをともなうでしょうか。はい、ともないます。それだけの価値がありますか。絶対あります！

あなた方は意識の実験場で、そこでは〝大いなる光〟を体現する新しいやり方を実験しています。このやり方で目覚めた先例が少ないので、この方法は困難です。それは活動的な人生の中で目覚めることです。前にも言いましたが、あなた方は先駆者です。ですから前に進むよりほかありません。むずかしいでしょうか。もちろんです。覚醒の過程を信じてください。仏陀の言葉を思い出してください。仏陀は悟りに達するために七回生まれ変わってもいいし、七週間かかってもいいし、七時間かかってもよければ、七分でもよい、それとも今でもよい、と言いました。仏陀の言葉はウソではありません。本当です」

カルマに関するややこしい話

ジャスティンが体の向きを変え、バーソロミューを真っ向から見つめて発言した。

「小さな自己が実在せず、わたしというものが何であれ、そのわたしが創造を繰り返してきたのであれば、この〈わたし〉には本当はカルマなど存在しないことになります。わたしというものが小さな自己の中に入って、わたしなりの目的からそれを再創造することができるということです。カルマや義務や未来や過去の問題は習慣にすぎないのかもしれません。それらの習慣を再創造しないことを選ぶこともできれば、それらを全部再創造することを選ぶこともできるわけです。あくまでわたしが選ぶことです。ですからカルマを持っていたければ、それはわたしの自由なわけです」

彼はそう言うと、腕を組んで後ろに寄りかかった。

「まったくその通り」と言って、バーソロミューは笑った。

「カルマなどというものはありません。ただあるのは、過去の瞬間の記憶として人がこの瞬間に持ち込むものだけです。ダライ・ラマも同じことを言っています。どんなに一生懸命探しても、継続的な一貫した**自分**というのは存在しないと。あるのはただ、変化とうつろいやすさだけです。一貫してあるのは、〝大いなる自己〟であり、〝存在の基盤〟であり、神であり、〝大いなる光〟です。あなた方は常に〝大いなる光〟でしたし、今もそうです。あなた方は常に〝深奥の自己〟でしたし、〝大いなる源〟でしたし、神でしたし、〝大いなる愛〟でしたし、今もそうです。それ以外のものはすべて生まれては消え、うつろう世にあって創造する喜びを味わうことのほか、どんな意味もありません。あなた方は人生を体験するために創造しているのですから、どうぞ充分に体験してください。こういうわけで、カルマというのは実にお笑いぐさです。カルマも**一時的なもの**にすぎません。過去の行為にもとづいてカルマを創りたければ、この瞬間、どのような状態でも好きなものを確実に創ることができます。どちらにしても、あなたはあらゆる瞬間に〈自分〉を創造しているわけです。

あなたは一瞬にして機嫌を直して愛を受け入れ、現在の瞬間に意識を置くことができます。同時に、上機嫌を捨てて不平不満の中に生きることも選べます。それはわかっていますね。でもあなたがまだわかっていないのは、この瞬間にどれだけもっとたくさんのものを創造できるかということです。というのも、あなたはこれまでそのことに関心を払ってこなかったからです。神のダンスのパートナーになると、顕在意識では普段使えないエネルギーの場から創造することができます。たとえば、サイババは手をくるくる回して、何もないところから物を生み出します（注11）。自分にもできると信じれば、それほどむずかしいことではありません。あなただってそうしたパワーがあるのです。けれどもそれよりもっと大事なことは、あなたは今この瞬間、〝透明な光〟に完全に目覚めるパワーがあるということです。サイババのような人たちは、物質界での創造に関して人々が抱いている既成概念を打ち壊すので、役に立っています。でもサイババになる必要はありません。ただ自分自身であってください」

ジャスティンがまた身を乗り出して発言した。

「わたしがすごいと思うのは、人は常に自由に自分の現実を創造できたということです。ですから今の現実は自分の責任です。わたしたちは好きなように自分を創造できるわけで、完全にその人の選択なわけです。わたしたちは誰からも強制されることなく、まったく自由にそうできるということです」と激しい口調で言った。

バーソロミューは腕組みをすると、メアリーマーガレットの顔にかすかな微笑みを浮かべて、

「その通りです」と同意した。

「だからこそ、自分の人生に不平を言わないことが非常に効果があるのです。人生を創造したのはあなたです。自分の人生がみじめだと思うのなら、自分が今置かれている状況がほかの人の責任だとか、ほかの何かのせいだとかいう考えを捨ててください。それが意識の成熟に必要なステ

ップです。あなたの人生はあなたが百パーセント創造したのですから、あなたに百パーセント責任があります。不平を言う人は自分に不平を言っているのです。この真理を受け入れることはパワフルな目覚めです」

「とてもそんな基準で生きていく自信はないですよ」と後ろのほうから悲しげな声がした。

「そこの人、あなたの言う基準など何もないと言ったらどうしますか。あなたの思考《マインド》があなたを惨めにして、〝大いなる自己〟を信じられないようにしているのだと言ったらどうしますか。あなたの内なる平安をおびやかしているのはあなたの思考だと言ったらどうしますか。あなたの思考があなたを混乱させているのだと言ったらどうしますか」

彼はそこで一息ついてから、「ここではっきり言っておきます」と声を張り上げた。

「間違っているのはあなたの思考であり、あなたの概念であり、あなたが自分に期待しているものです。あなたがここに来たのは、あらゆる瞬間を選り好みしないで完全にすみずみまで体験するためです。法王といっしょにヒマラヤの山を歩くほうがいいですか。それとも熱いシャワーを浴びるほうがいいですか。いったいこのふたつのうちのひとつをどうやって選ぶというのでしょうか。

しっかり聞いてくださいよ」と彼は真剣な声で言った。

「頭《マインド》で考えるから不幸になるのです。思考する頭が、自分は神から分離されていると感じさせ、失敗したと感じさせ、自分はできないと思わせ、自分はダメな人間だと感じさせ、罪悪感や焦燥感をあたえるのです。こうした思考《マインド》の独裁をくつがえして、ただこの瞬間に意識を向けてください。それが唯一の解決策です。頭《マインド》で考えると永遠に混乱するだけです。頭脳《マインド》の役目は選択肢を示すことで、あなたに統合をもたらすのは今の瞬間にある意識です。木を見てごらんなさい。愛する人や怒った顔を見てごらんなさい。目の前にあるものが何であれ、そこに意識を置いてください。するとやがて、あらゆるものを超えた荘厳な神秘がその瞬間の中から姿を現します。それはあなた方を統合するものに満ちています。思考は人々を分離し、混乱させ、多様化します。静寂は人々をひとつに結びつけます」

ジャスティンは老眼鏡の縁の上から見上げると、バーソロミューとの議論をつづけた。「小さな自己の話に戻りたいのですが」と慎重に言葉を選びながら話した。

「どういう理由かわかりませんが、わたしは、このわたしが誰であれ、相変わらず小さな自己を創造しつづけています。それはわたしの選択であり、その中にはカルマの再創造も含まれています。これがまったく自分の自由意志で行われていることがわかったときには、わたしはたぶん別の選択をするでしょう。けれどもそれと同時に、自由意志から、それとも知らないで、もっとも苦痛に満ちた瞬間を再創造している人々に深い同情を感じます」

バーソロミューはわたしたちを見回してウィンクをすると、「彼は何かを嗅ぎつけたようですね」と微笑みながら言って、「まったくその通り。そこから深い同情が生まれるのです」と同意した。

「ということは、ここにいるわたしたちはみんな、変容への衝動を感じているわけですから、間違いなく力を授かるということですね」とチャイが宣言するように言った（注12）。

「自分は力を授かれないと思っている人でも、ちゃんと授かれるようになっているのですね」

「それだけでなく、この儀式に参加していなくてもいいんですよ」とバーソロミューが言った。「あなた方は時間や空間に対して一定の概念を持っているので、この場にいなければいけないと考えるのです。カーラチャクラ灌頂《かんじょう》がこの渓谷で行われているときには、それ以外の場所でも灌頂を受け取ることができます。ダライ・ラマはエネルギーを山の向こうまで送れないほどちっぽけな人間ではありませんよ。ダライ・ラマはこの儀式を何千人もの人のためにしていますが、参加者の一人ひとりがそのエネルギーに満たされてこの場を去ります。それは感動的なはじまりであり、これからも各人の中にその人に適した形で存在しつづけます。この儀式から誰も分離されることはありません。

これは種子の伝播です。これについて説明したいと思います。エネルギーのレベルで言えば、ダライ・ラマは無数の強力な〈種子〉をまき散らしています。これらの種子は、スピリチュアル的に見ると、冷光を発するパワーに満ちた球体で、電磁流を発散していますが、日がたつにつれてその磁性が増していきます。ダライ・ラマはそれをこの渓谷に伝播し、地球がその伝導体の役を果たします。あなた方はこうした電磁的な覚醒意識の種子で満たされていますが、その感じ方は人によって違うでしょう。あなた方がここを去るときには、来たときとは違う意識の電磁場を持って出ていきます。あなた方はその種子を伝播していくことになりますが、何の執着も感じずに、エゴが表面化することもなく、ほとんどの場合、自分が何をしているかの自覚もなしに伝播していきます。このようにしてあなた方は、〝意識の透明な光〟から生まれた信じがたいほど強力な意識の種子をまき散らします。わたしが種子の伝播と呼ぶのはこういうことです」

「ここにはいろいろな神がいて、種子の伝播にもそれぞれの持ち味があるようですが」とポールがコメントして、「こうした違いはどこにもあるものですか」と質問した。

「はい、あります」とバーソロミューは答えた。

「たとえば、神を求めることに恐怖を抱いている人に強大な神が現れるとその人をますます怖がらせてしまうので、適切ではないでしょう。いわゆる精神のピラミッドの底辺にいる人たちには、〈小さな〉神のほうが近寄りやすいです。これらの神々はやさしく慈悲深い神です。ピラミッドのもう少し上に行くと、あなたを揺さぶる強大熾烈な神々に出会います。これらの神々はあなたの現実の認識に対してたえず挑戦してきます。最後に一番高い意識のレベルに行くと、そこは無に満たされていることがわかります。

神々の持ち味は文化によっても違います。仏教は世界の広範囲に普及していますが、仏教の神々はみな同じではありません。時代の要請やニーズの違いによって神の姿も変わりますし、また世界の周期によっても変わってきます。世の中が必要とすれば、神の化身（注13）が現れます。現在の時点では、世の中の必要に応えて新しいイメージが地球にやってきています。感動に満ちた時代がやってきます。実際のところ、感動に満ちたすばらしい時代がすでにやってきているのですが、あなた方にはたぶん信じられないでしょう」と彼は苦笑した。

「何万何千という人たちが貧困と劣悪な生活環境の中で生きているのを目にすると、すばらしい時代がやってきたというのが信じがたいです」とパトリシアが言った。

「困難な状況にある人を見たら、心の中で次のように言ってみてください。『あなたが今いる状況をみずから選んだことに対し心から尊敬します。がんばってください』。そうすると、あらゆる生き物に対する尊敬の念は愛の心から生まれるわけですが、その愛の心が、その人はそのとき自分にとってもっとも完璧な状況を選んだのだということを教えてくれます。そう考えるのではなく、そうわかるのです。その状況の真理を見ようと決意すればいいのです」

「困苦にあえいでいる人を鏡として使っているのであれば、その人に対して感じる憐憫の情は自分に対する憐憫でもあるわけですか」とガイが訊いた。

「自分に対する不安を反映した可能性もあります。『あの人たちと同じことが自分にも起こるかもしれない』という不安です。また、苦しんでいる人たちを見るのはつらいものです。見るよりも顔をそむけるほうが楽です。けれどもその人たちの選択を尊重することがあなた自身の選択を尊重することになります。魂はあなたがほかの人に対して考えたことと自分に対して考えたことを区別できません。それを忘れないでください。ですから困難な状況に身を置いている人たちの意図や選択を尊重するなら、自分自身の選択も直接的に尊重することになります。究極的には〝大いなる一《ワンネス》〟しかないのですから、そうなるのです」

「わたしたちの体がこうした困難な状況を持ちこたえられるようにするには、どうしたらいいですか」とパトリシアが訊いた。

「体に関しては、多くの人が融通のきかない規則を教え込まれてきました。肉体に関して〈すべきこと〉と〈すべきでないこと〉のリストです。こうした混乱の結果、あなた方は自分の体とのあいだに距離を置いています。体が欲しがっている愛情や思いやりや関心をあたえてやっていないと思います。マッサージや医師の治療、人からの賞賛や食事療法、セックスなどを通して、ほかの人にそれをやってもらおうとします。こうしたことも役に立ちますが、二次的なものにすぎません。体があなたの関心を必死で求めているときもあるのです。あなた方はみな愛されるべき者なのです。体はただひとつのものを求めています。それはあなたから愛されることであり、受け入れてもらい、関心を払ってもらうことです。

ここで提案がひとつありますが、自分の体が好きでない人には少しむずかしいと思います。真っ裸になって姿見の前に立ち、自分の体を見てください。そして体を誉めてください。体の緊張が解けて自分の目に美しいと感じられるようになるまでつづけましょう。これを来る日も来る日もつづけてください。自分の体に対してこれまで信じていた誤った考えが鏡の中に反映されはじめます。やがてその反映が消えていき、自分の本当の姿が見えてきます。信じがたいほどの美が自分に戻ってくるのが見えるようになります。肉体の美しさだけでなく、〝大いなるいのち〟そのものの美しさが見えてきます。それを見たらあなたは泣き出してしまうでしょう」

デヴが手を挙げて、「怒りは自分自身からの逃避ですか」と訊いた。「イライラしたり怒ったりしているときのわたしは、それを外の世界のせいにしていることがわかります。場合によっては、なぜそんなに怒っているのか自分でもわかりません」

バーソロミューは思いやりのこもった表情で彼女を見た。

「多くの場合、イライラは今この瞬間に起きていることが気に入らないときに生じます。自分が体験していることや考えていることが嫌だと感じたり、ほかのところにいられたらとか、ほかの人といっしょにいられたら、と思ったりします。体はそれに反応して、あなたをその場から逃がれさせたいと思います。逃げるともっとひどい立場に身を置くことになるかもしれませんが、少なくともあなたは動いています。

イライラというのはもっと奥にある怖れの氷山の一角にすぎません。それでこの心理的および肉体的逃避をやめて、真の原因をつきとめることをおすすめします。好きだとか嫌いだとか言っているのはあなたのエゴです。不快な瞬間の中に入って、それを受け止めてください。『抵抗すればするほど、それはなくならない』という言葉がありますが、それは真理です。ですから抵抗をやめてください。今起きていることについて考えるのをやめて、ただそれを隅々まで体験してください」

ジムが発言した。「わたしはいつも心のどこかで自分は価値のない人間だと感じていて、それが人生のいろいろな面で障害となっています。この問題をどう解決したらいいかアドバイスをお願いします」。

「自分の価値が問題となっている場合、それは、過去に何かができなくて自分がダメな人間だと感じたときの自己観がひとかたまりとなって記憶に浮かんでくるからです。それは過去の条件付けによって現在に持ち込まれます。自分に自信がなくて、自分の価値を外の世界に見つけようとする人は誰でも、かならず失敗します。あなたが持っている唯一のものを使って自己観を変えるしかありません。それはあなた自身です。自分の体や心《マインド》や能力に対する愛と感謝の言葉をマントラにして、たえず繰り返しましょう。世間に受け入れられたい、誉められたいと思ってきたでしょうが、その賞賛と受容を自分にあたえてください。気づきを利用して、自分以外のものに求めているものを自分にあたえましょう。毎朝元気いっぱいで愛にあふれた気持ちで目覚めるようになると、まわりの人たちもあなたに対して愛情あふれる元気な態度で接するようになります。その反対に、朝から不平不満だらけでいると、不平不満があなたのところに戻ってきます。自分のそうした選択に責任を持ってください。

自分自身に対してどんなメッセージを送りたいのか、はっきりした態度を取ってください。自分を愛することを真剣に学んでください。細胞に向けて深い感謝の念を一貫して送りつづけてください。探しさえすれば、誰でも自分の中に高く評価できるものを持っています。それを見つけて、自分に対する贈り物として繰り返し何度もそれを賞賛してください。まわりの世界はあなたが今創造したもの、つまりあなた自身の深い存在感を正確に反映します」

バーソロミューは伸びをして微笑んだ。

「明日はいよいよカーラチャクラの最後の日で、山場です。また午後八時半頃に満月が見られるはずです。わたしたちの旅の最後を飾るのに、満月の下での瞑想ほどふさわしいものはないでしょう。では明日の朝と夕方にお会いしましょう」と言って話を終わった。

のんびりした午後

わたしはその日カーラチャクラには行かなかった。ヒマラヤの山とともに過ごしたかったので、谷間を見下ろすお気に入りの場所に椅子を持ち出して座ると、石垣に足を乗せた。誰にも邪魔されずに一日を過ごしたかった。椅子に深く腰かけ、頭の後ろで手を組んで楽な姿勢になった。何が起きるかじっと見ていようと思った。

北東の方角に雲が厚い層をなしていた。谷間に入ろうとしているのだが、高度が足りなくて入れず、入り口にかたまっている。子どものころ、一度でいいから雲を上から見てみたいと思ったものだ。足下で刻々と変化していく雲を見ながら、子どものころと同じように期待に胸を躍らせて雲の不思議に見入った。イメージがゆっくりと心に浮かんできた。

神さまのほっぺの中でつぶされた雲のマシュマロ。掃除機に詰まった脱脂綿。溶けていく天使の羽。それらがぶつかって、あっという間に形を変えてしまう。ポン。ポン。ポン。ポンとひとひらの雲が上に飛んだかと思うと、障害物を乗り越えて谷間に入った。それに引きずられて三、四片の雲がしぶしぶ後からついていった。ほかの雲たちも立ちはだかる障害を乗り越えてただちに谷間に入り込み、急行電車のような速さで谷間を横切ると、遠くにある谷間の出口へ向かった。

そのあいだも、ここから三千メートル上空までそびえるカイラス山はわたしの真向かいに座って、雲のショーを静かに黙って見ていた。はるか下にあるカルパの町のぬれた屋根が青灰色の魚のうろこのようだ。たまに誰かが椅子をもって現れ、石垣の前の最前列にわたしと並んで座る。タビネズミに似た形の雲が乳白色の帯状をなして山肌に次々とぶつかっていくのをわたしたちはみな魅入られたように眺めた。なかには信心深い雲がいて、カイラス山の中腹に来ると元気よくひょいと会釈をしていく。気安いが、充分尊敬のこもった会釈だ。しかし、あたり一帯をおおいつくすこの山は頭を高く上げたまま、ふたつの頂上を陽光に輝かせて、むしろ空との会話を楽しむ様子だ。

目を上げると、メアリーマーガレットがやってくるところだった。彼女は椅子を引き寄せて座った。手にはノートを持っている。楽な姿勢になって、しばらくじっとしていたかと思うと、おもむろに何か書きはじめた。

あれこれ考えて時間を無駄にするのはもうやめようと思う。カルパでの滞在も半分以上過ぎて、本当にすべてを手放す必要があると気づいた。わたしにとって、それは思考《マインド》のおもむくままになるのをやめるということだ。たとえ〈精神的に高度な〉考えでもだ。わたしの傾向として、たとえば、この地方の見事な鷲が悠々と空を飛んでいるのを見ると、勝手に話を作り上げてしまう。鷲が空を飛ぶ様子はわたしたちが神のもとへ帰っていく旅を象徴していて、地球界をあとにして、〝大いなる光〟へ向かって昇っていくのだ、云々と。こうした考えは〈プラス思考〉かもしれないが、今の瞬間に戻ったときにわたしの中に何が残っているだろうか。何もない。わたしはまだここにいる。そしてここ、この谷間では時間が充実していて、今の瞬間に満ちていて、目の前に頑としてあるので、一瞬たりとも今の瞬間を離れることがそれほど楽しくない。この点で法王が多くを教えてくださっていると思う。法王が常に今の瞬間におられることは疑問の余地がない。儀式で決まっていること以外で誰かと話す場合に、その時々の移り変わる状況に新鮮な態度で接し、今この瞬間に生きておられるように見える。子どもの頭をなでるときの父親のような態度や、西洋人を見てお腹を抱えて笑いながらも、その苦労をよく理解しておられる様子、そうかと思うと弟子のひとりがまじめな質問をしたときに見せられた導師の表情など。

それらはすべてひとつのことを示している。今だけが大事な瞬間なのだ。今やっとそれがわかった。本当にわかった。おもしろいと思うのは、退屈な瞬間がたくさんあってもよい状況にいて、そうした瞬間に完全に意識を置いて退屈さの中に完全に浸っていると退屈しないということだ。というのも、今この瞬間には、ほかに何があろうとも〝大いなる自己〟がそこにある。それがあらゆる瞬間を神秘に満ちた感動的な瞬間にしている。起きていることが感動や関心をもたらしたり深めたりするのではなく、〝大いなる自己〟がそうするのだ。喜びや至福が感じられないのは過去や未来に逃げてしまって現在にいないからだ。なぜなら至福の喜びというのは、〝大いなる自己〟がそれ自身のために存在していることなのだから。

ここでの静かな日々がこうしたことをわたしにはっきり直接的に教えてくれる。わたしはもう静寂が怖くないし、今この瞬間を怖れることもない。なぜなら自己がそこにいるのだから。完全にいつも〝大いなる自己〟としてそこにいるのだから。

何という喜び！　何という安心！　何という安堵感！

（注11）サイババが聖なる手の動きを使って空中から生じさせる灰のことで「ビブーティ」と呼ばれる。
（注12）チャイは、仏陀となる可能性を授かるカーラチャクラ灌頂の最後の儀式に言及している。
（注13）肉体をまとって地球界に現れた完全覚者で、「アバター」ともいう。

20　カルパの五日目――小さな自己に埋没する時期は終わった

バーソロミューは背筋をピンと伸ばして座ると、大きく息を吸って軽く咳払いした。

「おはようございます。カルパでみなさんとこうしていっしょに話すのはこれで最後になります。そこでお別れする前に話しておきたいことがいくつかあります」と言って、彼はチャイの妹のジョアナに合図した。

「まずはじめに、昨日法王が外国人に関して言われたことをここでみんなに話してくれませんか」

ジョアナは前のほうに進み出ると、マイクをにぎった。小さな紙片を開いて、わたしたちのほうを一度見てから、読みはじめた。

「法王は、シャンバラについての簡単な説明と、大勢の人がタントラの秘儀を受け取るのにカーラチャクラ灌頂《かんじょう》がなぜ適しているかという歴史的ないわれを説明されたあと、いかに多くの人たちが世界各地からこの灌頂《かんじょう》にやってきたか、それも観光客としてではなく、力を授けてもらうためにやってきたかについて話されました」

彼女はメモをもう一度確かめてから発表をつづけた。

「外国人グループのパワーに満ちたプラスのエネルギーが灌頂《かんじょう》の儀式に大いに役立っていると言われました。その結果、愛と素直さに満ちたプラスのエネルギーがこの場を埋めつくしており、それが土地の人たちの心に強い印象を残し、また、世界全体の平和に貢献していると話されました」。彼女は紙をたたむと、マイクを返した。

メアリーマーガレットかバーソロミューか、またはその両方が目に涙をためたまま、みなに向かって話した。

「自分は何のためにここにやってきたのだろうと疑問に思った人がいたら、今その理由がわかったはずです。あなた方の惑星を救えるのは愛だけだということを理解することが大切です。それはすべての人がすべての人を愛することを意味します。違いを乗り越えて、その奥にある共通点だけを見つめる無差別の愛です。あなたがこれまでどれほど苦しみ、不安や恐怖に耐え、さまざまな困難に遭遇したとしても、ここで自分のために、祖国のために、この地域のために、世界のために達成したことに比べると、どれも大したことはありません。あなた方の世界を救うには人類の兄弟愛や姉妹愛が必要なのです。

ここで受け取ったものを持ち帰って、受け取る側からあたえる側に移ったときに、〝神の愛の心《ハート》はひとつ〟という言葉の意味がわかるでしょう。〝愛の心〟はひとつしかありません。いつどこでどんな状況にあっても誰に対しても心を開いて、愛と思いやりと叡智を身をもって示すことがどれほど大事か、ということをいずれすべての人が理解します。これから人生で、自分の行動や言葉や思考を通してその愛のパワーをどれだけ強化できるかによって、比較的限られた人間の意識からもっとも偉大な意識のパワーを持つ脈動する無限のエネルギーへどれだけ移行できるかが決まります。それがあなたの潜在的な可能性です。それを生かすかどうかはあなた次第です」

バーソロミューは穏やかだが切迫した調子でつづけた。

「あなた方は、自分自身の無限の能力を使って、人生のあらゆる瞬間に〝大いなる愛〟の真髄を広め具現化する媒体となることを選べます。おたがいにそうすることもできるし、環境に対しても自分の考えに対しても自分自身に対してもそうすることができます。そこでもうひとつ言っておきたいことがあります」

彼は後ろに寄りかかると、わたしたちのほうをジッと見つめた。

「あなた方の多くは人に対して思いやりのある態度を取っていますね。違いを乗り越えて、相手の中にある良いもの、真実の姿、すばらしいものを見ようと最大の努力を払います。ところが自分に関しては、たえず批判ばかりしています。過去を振り返って、ああすべきだった、ああすべきでなかったと、うんざりするほど長たらしい後悔のリストを作っています。こうした自己批判はもうやめてください。なぜならそんなことをしている暇はもうないからです。そんなふうに自分のご機嫌取りをしている時期は終わりました。自己批判は小さな自己の思いのままになることですから、一種のご機嫌取りなのです。ここでの数日間に、みなさんは意識を大きく拡張する体験をしました。

自分をけなすたびに、あなたは力を失って、それだけ人にあたえるものが減ります。究極的には、自分を叱りつけることは利己的でわがままな行為と言えます。究極的な意味で、利己的になるのをやめてくださいとお願いしているのです。最終的には、小さな自己の生まれたり消えたりする行為は、〝無限の自己〟のすばらしい可能性に比べると取るに足りないものです。あらゆる瞬間に気を集める機会があります。それを実践すればあなたの人生が変わります。傲慢さや優越感ではなく、自分のパワーをたくわえていくと、今この瞬間に生きることから生まれるパワーに気づくようになります。それは命にあふれた透明なパワーで、あなたの人生のあらゆる面に浸透します。

エゴが役に立つ機会がここにあります。意図を明確にするために意志の力を使うのです。人は明確な意図を持って正しい行動をする必要があります。すべての行動が〝大いなる意識の愛の心〟から発するようにして、混乱した分離意識から発した行動を取らないでください。これは自分のためでもあり世界のためでもあります。あなたの純粋な意識は常に明確です。あなたに必要なのは、この瞬間から自分は〝大いなる愛〟を集めることだけを考えて生きようと決心することです。それを後悔することはないでしょう。〝大いなる愛〟は信じられないような意識のパワーであり、どこまでも透明な輝く意識の光であり、創造界のあらゆる瞬間に脈々と流れています。それに意識を向けようと決心さえすれば、いつでも自由に使えます。

昨日怒りについて話しましたが、そのとき、怒りを利用して自分への理解を深める方法を説明しました。けれどもあなた方は怒りを自分や他人に向けることが多く、そうすると自分のパワーを失うことになります。あなたが怒ると、まわりの人もみんなパワーを失うことになります。怒っていけないというのではありません。怒りは意識の流れの一部ですから、怒るのをやめないでください。ただ、怒りにどう対処するか、そして怒りのパワーをどう利用したらよいかを理解してください。

怒りはダイナミックなエネルギーの流れであり、自分の内面を理解するのに大いに役立ちます。怒りを外に向けないで自分のところに置いたまま、自分の心の中を知り、過去を手放すために怒りを利用してください。怒りにユーモアのセンスを混ぜて、自分の個人的な体験として受け止めてください。

高尚で純粋な感情からだけでなく、あらゆる感情から何かを学んでください。あなた方は人間の意識に含まれるあらゆる感情の浮き沈みを体験しますが、それはどれもすばらしいものです。あなたが知っておくべきことは、そうした感情はすべて自分に関わることであって、外の世界で起きていることとは関係ないということです。まわりの出来事や人を非難したり責めたり思い通りに動かそうとしたりしつづけると、パワーをますます失っていきます。あなたが決心しなくてはならないのは、自分は世界の人々のために何かをしたいという気持ちで勇気を持って生きていくのか、それとも自分の小さな自己の軌道をぐるぐる回りつづけるだけなのか、ということです。これも、決めるのはあなたです」

あなたが創造したものはあなたの責任

バーソロミューはもっと穏やかな声になって話をつづけた。

「わたしの教えが今日ここでこの話を最後に終わったとしても、あなた方に必要なことはすべて話しました。もうこれ以上つけ加えることは何もありません。もっとも深い意味において、あなたは人生のあらゆる瞬間に責任があります。ですからこの責任についてもう少し話しましょう。あなたがどのように考えるとしても、地球のこの場所にやってきたということはあなたにある種の責任をもたらします。あなたは覚者を目の前にして座り、大きな栄誉を受けました。またこの地域は地球の中でももっともパワフルな土地のひとつです。あなたはまた多くの困難や苦労を乗り越えてきましたね。その勇気とユーモアのセンスと困難を受け入れる態度に賞賛を送りたいと思います。

けっして楽な道ではありませんでしたが、怒りや憂鬱や悲しみ、怖れや自己憐憫などを克服するたびに、自分の力が増します。不平を言わずに、何が起きようともそこに感動の種を見つけてあるがままを受け入れることができれば、それだけ自分に力をつけることになります。けれどもこの土地にこの時期に来たということは、それなりの責任が生まれます。その責任とは、自分のできる範囲で、聞いたことをすぐ実践に移すことです。ここで見たことや学んだことをすぐに実践に移してください。この惑星は今、混乱しています。ですから心《ハート》の奥で感じていることをすぐに実行に移してください。

あなたの考えそのものが地球の役に立ったり邪魔になったりします。ここを去るとき、自分が変わったと感じるでしょう。山道を揺られながらバスに乗ってやってきたときの自分とどう変わったか、よく見てください。どこがどう違いますか。不安が減って精神力が増したように感じられますか。自分は強くなったと言ってごらんなさい。自分がしてきたことすべての勝利を宣言しましょう。自分が学んだことを捨ててしまわないでください」

彼は視線を落とすと、指を立てたまま手を組んだ。

「アメリカとオーストラリアというふたつの偉大な国とこの体験を共有できたことを光栄に思います。オーストラリアのみなさん、あなた方の星回りがよくなっているのをご存じですね。オーストラリアは霊的に進化した国のひとつにこれからなっていきます。幸運を祈ります。今のままでいけば、これから新しい種類の意識が生まれて、オーストラリアがその中心のひとつになります。あなた方の国はすばらしいです。まったく新しいけれども同時に古代からあるワクワクするようなエネルギーがあって、どんな形のエネルギーにも変えることができます。これまでいっしょに過ごせたことをうれしく思います。またご縁があれば、お会いする日もあるでしょう。アメリカ人の方は、ほとんどの人にまたお会いできますね。わたしたちの道は何度も交差するようです。これらふたつの国のエネルギーが第三の国のパワースポットで交差したことは意識の動きとして重要です。そのことにとても感謝しています。国は違っても愛の心はただひとつであり、あらゆる愛はそのひとつの〝愛〟から生じます」

そう言って、バーソロミューは上体を起こした。

「この広い世界にあって自分はちっぽけな人間だから自分の人生なんて重要ではないと多くの人が感じていますが、そうではありません。自分があらゆる瞬間を創造している純粋な意識であるという責任感があればあるほど、その程度に応じて、人はこの世での使命をまっとうすることができます。あなたが誰であろうと、使命は同じです。それは、**人生のあらゆる瞬間に責任を持って、自分にできる範囲でもっとも高い意識を世の中にもたらす**ことです。それがあなたの役目です。それ以外には何もありません。それを知って実行すれば、人生が変わります。まわりの出来事も、もうあなた個人の問題ではなくなります。個人的な境地から抜け出て、わたしが普遍的な境地と呼んでいるところに移動すると、あなたの小さな悩みはただそれだけのこと、つまり小さな悩みが姿を変えて生まれたり消えたりしているだけだということがわかります。今日の問題は完全に体験すれば消え去ります。昨日のことはすっかり忘れられ、明日のことはまだ起きていません。自分自身やあらゆる生き物、そして地球全体のために意識の力を強化する機会があらゆる瞬間に存在することを知って、心の中核に根ざした生き方をしましょう。

この惑星が破壊されたときに失われるのは人類だけではありません。ほかの多くの生物が人間に依存しており、現在進行している状況に対してほとんど無力な立場にあります。あなた方はものすごいスピードとパワーで創造しますが、ほかの生物たちはもっとゆっくり創造します。あなた方は地球全体に対して重大な責任があります。人類にはじまって人類に終わるのです。深刻に聞こえすぎるかもしれませんが、大事なことですからしかたがありません。あなた方は重要なのです。

あなたが誰であるかはわたしにはどうでもいいことです。あなたの人生が平凡であろうが華やかであろうが、どうでもいいことです。金持ちだろうが貧乏だろうが精神病だろうが変わり者だろうがかまいません。ただひとつ、わたしにとって何よりも大事なことがあります。それは、あなたが意識の共同創造者として創造に責任を持つのか、それとも無力なふりをして自分以外のものが意識を創造していると思い込みつづけるのか、です。自分もともに意識を創造しているのだと認めるにはそれなりの精神的な成熟が必要です。自己憐憫と傲慢さに満ちた環境を創り出して、その中を偏狭な精神で動き回り、自分のちっぽけな悩みにどっぷりつかって生きていくこともできます。または、自分の状況がどんなものであれ、別の選択が可能なのだと考えることもできます。その状況の真っ直中で、生き生きとダイナミックに創造性と愛と親切心に満ちて自分やまわりの人たちを助けながら生きていくのかどうか、ということです。

自分の思考習慣に責任を持ってください。これまでのように、今日考えたことの九十五パーセントを明日も次の日も、また次の日も繰り返し何度も考えるようなパターンにはまりこまないでください。何と退屈で吐き気をもよおすような行動でしょうか。それにいったい何の役に立つというのでしょうか。自分の思考をはっきりと意識するようになると、もっと深い意識と波長を合わせることができます。あなたは広大無限のすばらしい創造に今参画しているのです。その際、思考が重要な役割を果たします。そして、現在のようにエゴの二極化した価値観にもとづいてその場その場で創造される人生ではなく、創造を自分のコントロール下に置くことができます。

エゴの欲望と嫌悪の二極のあいだを行ったり来たりするときに自分が何を考えているのか、よく注意して観察してください。人生を汚してしまうような個人的な感情にひたっている時間はもうありません。素直に人を許し、素直に過去を捨て、ありあまるほどの愛と思いやりをあたえるときが来ました。あなたが今日ここにいるために克服した困難に比べると、わたしが今お願いしていることははるかに容易なことです。ここに来たいと思ったのと同じくらい、目覚めた意識で生きていたいですか。同じ程度の強い動機が必要です。

あなたがこれを実行できることはわかっています。なぜならあなたの本質は完全な愛であり思いやりであり叡智だからです。これまで演じてきたちっぽけなゲームをやめたとき、あなたにもそれがわかります。あらゆるものの核は〝大いなる光〟です。それ以外のものではあり得ないのですが、過去の思考にとらわれているかぎり、それを見つけることはできません。ですからそうした思考を黙らせましょう。じっと座って、あるがままを見聞きし、呼吸し、意識をとぎすましましょう。自分の使命を達成してください。〝大いなる命〟に目覚めてください。あなた方の個人としての人生は、残念ながら、それほど重要ではありません。あなた方の普遍的な人生は絶対的に重要です。これに関して何か質問がありますか」

彼が後ろに寄りかかると同時に、リンが発言した。

「共同創造者という言葉の意味を説明していただけませんか」と彼女は尋ねた。

「あなたひとりで現実を創造していると主張する教えがたくさんあります。エゴはそれを聞いて、限られた自己が創造している証拠として利用します。エゴはどのように現実が創造されるのか、実は何もわかってはいません。わたしがあなたを共同創造者と呼ぶのは、〈あなた〉と呼ばれるものとともに、何か広大無限で神秘的なものも存在することに気づいてほしいからです。共同創造者とはあなたともうひとつの〈何か〉です」

彼はわたしたちを笑顔で見回すと、「共同創造という言葉を使う本当の理由はあなた方をだますためです」と言った。

「何が起きているかが本当にわかるようになると、結局、ただひとつの創造の法則しか働いていないことがわかります。そしてそれはけっして限られたエゴではありません。あなた方に理解してもらうためにわたしたちは言葉を使うわけですが、言葉はこうした現実の複雑さを反映していません。そこであなた方を真理に向かわせるためにイメージを使うのですが、それが誤解を招くことがあります」と言って、彼はカラカラと笑った。

「あなた方をだます必要があるのです。そうでもしなければ、思考する頭《マインド》は、『あなたが創造者です』などという言葉尻をとらえて、都合の良いように曲げてしまいます。いったいエゴがどうやって人生の計り知れない複雑さと深みを創造することができるというのでしょうか。あなたのちっぽけなエゴがこの世のすべてを創造したと本気で信じているのですか」と言いながら、彼は山のほうを指した。

「ダライ・ラマをはじめとするあらゆるものを創造したと思いますか。精神的な落ち込みからあなたを救うことさえできない小さなエゴが、こうしたもののすべてを創造したと本気で信じているんですか」

彼は信じられないという顔をして訊いた。

「エゴは自分が創造者だとあなたに信じてもらいたがっているので、わたしたちはあなたをだまして共同創造者だと信じさせたのです。けれども真理の真理ということになると、たったひとつの創造原理しかありません」

一貫した自己は存在しない

「その創造原理がエゴも創造したのですか」とソルが口をはさんだ。

「まずはじめに、一貫したエゴというものは存在しないことを思い出してください」とバーソロミューは返事した。

「あなた方には一貫して継続する自己は存在していないという事実についてすでに話しましたね。ですから継続するエゴもないわけです。つまりこういうことです。あなたは一瞬前から記憶の断片を持ってきます。一時間前か昨日か、過去のどこかの記憶かもしれません。でもとにかくそれは出来事のなごりにすぎず、出来事そのものではありません。もしエゴが実在するとしたら、エゴが生きたあらゆる瞬間を現在に再現することができるはずです」

わたしたちがみなキョトンとした顔で彼を見つめていると、バーソロミューはわたしたちのほうを見て言った。

「では別の説明をしてみましょう。どうも理解するのがむずかしいようですから。あなたは自分が継続した自己、つまり〈自分〉だと言います。けれどもエゴが継続的に一貫した実在物であったとしたら、あなたはこの瞬間にこれまでかつて経験したことのすべて、誕生時にまでさかのぼって体験したことの結果をすべて感じるはずです。でも実際にそうでしょうか。それができますか。もちろんできませんね。こうした出来事はたえず消え去り、もはやそこにはありません。ではどこに継続性があるのでしょうか。わかりますか。エゴが実在する物であれば、本当の〈形ある物〉であれば、この現実のどの部分でもいつでも思い出して再体験できるはずです。あなたが一貫した自己であれば、その一貫した自己のすべてがこの瞬間に存在しているはずです。けれどもそうではありません。あなたはこの瞬間に過去の断片や一部の選別された瞬間を持ってきますが、それらはほとんどの場合、本当の現実を反映していません。自分に都合の良いように変えたりつけ加えたりして、自分の望む物だけを選別します」

バーソロミューはわたしたちを一人ひとり見つめて、「〈昨日〉をどこで体験しますか」と尋ねた。

「今この瞬間です。この瞬間しかありません。昨日は、あなたが今日ここで生み出さないかぎり、ここには存在しません。あなたがそうした断片を持ってくるのは、自分が継続した人間だと感じさせてくれるからです。確かに、あなたは継続した肉体を持っているようには見えますが、それさえも実はそうではないのです。人間の細胞はたえず死んで新しい肉体を創っていると現代科学は結論しています。ですから自分は継続した肉体を持っているのかという点も考えてみてください。実在する物はけっして死なないということを理解する必要があります」

そこで彼は急に話を中断して、「みなさんをどうしようもない混乱におとしいれたようですね」と言った。

「いいえ」「いえ」と何人かの反応があった。

メアリーマーガレットの眉がぐっと上がった。

「わたしの言っていることがわかりますか」とバーソロミューが尋ねた。

「はい、わかります」とわたしたちは答えた。「話をやめないでください」。

「この考え方をあなた方が気に入らないことはわかっています。自分は継続していると考えるほうが安心できますから」とバーソロミューは認めた。

「けれどもどうかわたしの言ったことをよく考えてみてください。もしあなたが継続したエゴだとしたら、誕生以来あなたに起こった考えや信念、アイデアや体験、記憶や気づきなどのすべてが脈々とこの瞬間に生きてあふれ返っていなくてはなりません。自分が継続した実体だと思い込もうとすることで、本当に継続しているものが体験できなくなっています」

彼はそこで一息つくと、わたしたちをジッと見つめて、「本当に継続しているものはこれまでもずっとありましたし、今もあります」と熱心な口調で話をつづけた。

「それは〈我在《われあ》り〉の〝我在《われあ》り〟(the 'I Am' of the 'I Am')です。それはあらゆるものが流れ出る〝源〟です。それははじまりの前にあり終わりのあとにあるもので、意識の本質です。それは純粋な意識そのものです。それが継続するもので、それ以外には何も継続しません。それ以外のものであなたがこの瞬間にもたらすものはすべて、目に見える、継続した有限の人間として自分が存在すると思い込みたいがためにあなたがもたらしているものです。

そうした自己像で自分を縛ってしまわないでください。自分を無力でちっぽけな存在だと信じて、『ああ、人から嫌われたらどうしよう』『太りすぎじゃないだろうか』『お金に困ったらどうしよう』などと心配するのをやめてください。あなたのまわりにはいたるところにあなたの本質が実在していて、細胞の一つひとつ、意識のすみずみまで雷鳴のごとく激しい音を立てて流れています。あなたは持っているものを使わずに損をしているのです。でも損をする必要はありません。これまでに話した方法のひとつを使えば、その習慣はやめられます。思考をやめて、今の瞬間にいましょう。何か特別のことを聞こうとしないで、ただ耳を傾けましょう。見ている物を判断せずに見ましょう。ゆったりとした意識で呼吸しましょう。物事を評価したり選んだり受け入れたり拒否したりすることなく、今この瞬間に意識を向けましょう。今この瞬間に安らぎ、完全に心を開いて、意識を完全に今の瞬間に向けていると、それが起きます。純粋な意識がその姿を現します。今やってもあとでやってもいいですが、どちらにしてもあなたはいずれ実行します」

バーソロミューはそこで一息つくと、静かな声でまたつづけた。

「あらゆるものの中を息づくただひとつの現実があるだけです。それ以外はすべて幻影です。あなたは自分が考えているものとは違います。あなたはいつどう変わるともしれない短い命を、あてもなくおびえながら生きる意識のかけらではありません。あなたは広大無辺の完全に目覚めたすばらしい意識であり、それを充分に体験するのはあなたの持って生まれた権利です。これからのあらゆる瞬間にそのことを完全に完璧に知るようになってほしいというのが、わたしの願いです。

あなたが自分自身と呼んでいるあの慣れ親しんだ感覚、間違って〈自分〉と呼んでいるあの感覚に気づくように、ここでまたお願いしたいと思います。実際のところ、あの慣れ親しんだ感覚というか、歓喜の絶頂から憂鬱のどん底まで、愛から憎しみにいたるまで、不安から喜びにいたるまで、あらゆる過程に存在する感覚こそがあなたの本質です。あなたは〝わたし〟を間違って〈自分〉と呼んでしまったのです。生まれたり消えたりするのは有限の〈自分〉です。あなたといつもいっしょにいて、朝目覚めた瞬間からもっとも深い夢の瞬間までいるのが〝わたし〟の本質です。

あなたは〝わたし〟の本質をいつも感じているのですが、それを今までは間違った名前で呼んできました。これまであらゆる瞬間に感じてきた感覚があなたが求めているものです。ほかのあらゆるものはその上に反映されます。こうしてここに座っているときも、常に変わらず存在するのはその純粋な意識です。わかりますか。あなたは自分がすでにそうであるものを求めているのです。あまりに明らかで、不変で、強く、なじみが深いので、それがわからなかったのです。どうか見過ごさないでください」

バーソロミューはリラックスして微笑んだ。

「あなた方に向かって大声を上げたり、おどしたり、小言を言って困らせたりしましたが、わたしはあなた方を大変愛しているのだということをここでもう一度言っておきます。これからまた別の冒険に出かける人たちは、もしよかったらわたしもいっしょに連れていってください。楽しい旅になると思います。デリーに戻る人たちにはわたしの愛を送ります。かけがえのない体験ができたことをみなさんに感謝します。みなさんは〝故郷〟へ帰る旅路のずいぶん遠くまで来ましたね。そのことを忘れないでください。みなさんを愛していますよ」

メアリーマーガレットがお辞儀をし、わたしたちは、数分間、黙って座っていた。

やがて人々はおたがいを抱擁し合ってから、出発の準備をはじめた。延長滞在組はもう一日カルパに残って、滞在許可証を更新したり車の手配をしたりしなければならない。一日ゆっくりできると思うとうれしかった。ほとんどの人たちは体力的にとても消耗していて、病気になりかけている人もいた。今のところ、することもなく、行くところもなかったので、わたしはテントにもぐって昼寝と決め込んだ。

わたしがメアリーマーガレットに最後のインタビューを申し込んだときは、もう午後も遅い時刻だった。

終わりにはじまりあり

わたしたちは低い石垣に座った。カルパの町のスレート瓦が眼下に見えたが、流れる空気の底に沈んで、まるで川底の石のように見える。雲が泡の層になって谷間を下りていく。陽光はまだ温かかったが、空気はひんやりと冷たかった。カイラス山はいつも通りに悠然とそびえ、深い秘密にすっぽり包まれていた。旅行もほとんど終わりに近づき、終わりとはじまりのときだった。

わたしはテープレコーダーにカセットを入れると、まだ印象が消えないうちにメアリーマーガレットのインドの感想を聞こうと準備体勢に入った。分析や内省の時間はもっとあとになってからでもある。今は彼女の生の感想が聞きたい。わたしはワイヤレスマイクを接続すると、ふたりのあいだに手で持った。わたしたちは温かいチャイを黙って飲んだ。


「この旅行は……」とわたしが語りはじめると、

「……ハプニングだらけの大冒険でした」と彼女がつづけた。

ふたりとも深いため息をついた。「わたしたち、いったいどういうわけでここに来たの」とわたしは山を見上げながら訊いた。

メアリーマーガレットは首をちょっとかしげて、意味がわからないというふうにわたしを横目で見た。

「わたしの言う意味は、チャイが旅行を計画した話は聞いたけど、あなたがそもそもインドを選んだのはどういうわけ？」

「ああ、そういうこと。今年の夏の旅行にふさわしい場所がなかなか見つからなくてね。いろいろ候補地はあったんだけど、どうも心の底から『ここだ』と思えるところがなかったのよ。オーストラリアでワークショップをしたときに、ジャスティンとわたしはチャイとラッセルの家に泊めてもらったんだけど、そのとき、チャイが以前に企画した団体旅行で撮ったというヒマラヤの写真を見せてくれたの。すばらしい写真でね、写真を見ただけで決心がついたのよ。見たとたんにそこに行きたくなって、チャイにガイド兼企画担当者になってもらったの。最初はごく普通の北部インド旅行で、途中ダラムサラでダライ・ラマにお会いするという企画だったの。あとになってから、ダライ・ラマはそこを留守にしてヒマラヤの奥地に行かれることがわかって、大冒険にいどむことにしたってわけ。チベットの近くでより自然に近い形でダライ・ラマにお会いできるのはとてもすばらしいことに思えたし。国境近くだと、チベットの人ともよく知り合えるし、ダライ・ラマのカーラチャクラ灌頂《かんじょう》のすばらしいパワーをもっと直接味わえるんじゃないかと思って、それでここに来たわけ」

「それでここに来たわけね」とわたしも繰り返した。

「ところであなたにとってはほぼ二カ月ぶりにアメリカに帰るわけだけれど、どんな気持ち？」とわたしは好奇心いっぱいに訊いた。

メアリーマーガレットはちょっと考えてから答えた。

「バーソロミューとの旅も終わりに近づいたので、これまでの九年間にバーソロミューと旅行したときのことを思い出してはいろいろ考えていたところよ。わたしたちが世界中を旅行して回った目的は、人類の兄弟愛と姉妹愛を強化するためにできるだけのことをするためだと、昨夜強く感じたの。アメリカ人がよその国の人たちの生き方や考え方やものの見方に興味を持ち、異なる文化に好奇心を抱いて批判することなく受け入れ、心を開く様子を見て、アメリカ人の最高の面を外国の人たちに知ってもらいたいと思ったの。陳腐な表現かもしれないけど、外国の人と同じようにわたしたちも〝大いなる光〟の保持者として、いっしょに〝光〟を分かち合うことができるんじゃないかと思ったの。表面的な違いを越えたらわたしたちはみんな同じだということを理解し合う良いチャンスだと思うのよ。ここカルパで〈ナマステ〉（注14）の挨拶や笑顔や温かい視線を交わすたびに、その目標に一歩近づいた気がするわ。毎日同じ母親や子どもの顔を見るのはとてもいい気持ちよね。わたしたちの滞在が長引くほど、笑顔が大きくなっていくみたい。

それにあそこにある山もわたしが喜んでここに来た理由のひとつね」と言って、彼女はカイラス山を愛情を込めて見上げた。

「五千メートルもあるシバ神の居所のふもとにいるんですものね。山を見上げているだけで頭がクラクラしてくるわ」と彼女は感慨深げに言った。

「あの山が霊山だということは間違いないわね。カイラス山はヒマラヤ山脈の中で一番重要なパワースポットだという人もいるくらいよ。その山にわたしたちはいるんですもの。すごいわよね。栄誉であると同時に責任もあると思うの。そしてわたしたちはその責任についてよく考える必要があるんじゃないかな。ダライ・ラマやバーソロミューから教えられたことやおたがいから学んだこと、それにここの古き山々から教えられたことを自分のものとして、それぞれの生活の中で生かし実践していく責任があると思うのね。説教臭く聞こえるかもしれないけど、わたしの言いたいこと、わかるでしょ?」わたしはうなずいた。

「わたしにとってここでの体験は、親切や平和、愛と思いやり、ユーモア精神やおたがいへの理解、それにとにかく人間性のいろんな面を見たことよ」

彼女は熱弁をふるいつづけた。

「それに、おたがいの共通点を増やして、共通点を強調すること。異なる点はユーモアの精神で乗り越える努力をする。心を大きく開いて、あらゆる人やあらゆる物を受け入れ、違いはおもしろいと思って受け入れることね」

そこで一息つくと、今度は静かな声でつづけた。

「すべてのものを〝大いなる一《ワンネス》〟、つまりひとつの偉大なすばらしい創造界として見る境地を見つけて、その全体の中にある自分の部分をおおらかに生き生きと生きていくこと、ね。

法王の謁見が得られたことはすばらしい栄誉だとますます強く感じるの。キャロリンが持ってきた祈禱棒を差し上げることができて本当にうれしかったわ。わたしたちの住むタオスの古い山々の伝統とヒマラヤの山地の伝統とが統合されるシンボルになったと思うから。わたしたちはこれから自分の町に戻るわけだけど、それぞれのやり方で世界にもっと光をもたらすことができたら、と心から願うわ」

いっしょにチャイを飲みながら、わたしはそのことを考えていた。

「今度の旅行はあなたが今話したようなことを可能にするためのプロセスだった気がするわ」とわたしは話しはじめた。

「肉体的な不快感や山崩れ、狭い山道の恐怖や病気、そのほか仲間とのさまざまなことがあったからこそ、わたしたちアメリカ人とオーストラリア人のグループはあなたが今話したようなことを実践する機会を得たんだわ。わたしたち、それができたかしら」

「もちろん、できたわよ。絶対確かよ。来たときに比べて、みんなもっと勇敢で感謝の気持ちにあふれていて、自分のエゴの部分に気づいていると思うわ。帰りの道路事情がどうであれ、わたしたちの精神状態は来たときとはまるで違っていると思うの。わたしたちの中でけっこうたくさんの人たちが、身の危険に対する恐怖を体験したと思うの。バスに乗ったときの恐怖ね。特に、わたしたちが乗ったバスはびっくりするようなおんぼろバスだったし。あんな体験をしたあとでは、もうこの物質界で同じようなことで恐怖を感じることはないと思うわ。絶対ないわよ。何しろ、わたしたち、あれを生き延びたんですものね」

　わたしたちはいっしょに笑った。

「わたしたちは今までよりもずっと強くなったし、とにかく物事にもっと感謝するようになったと思うわよ。多くの人たちが感謝の気持ちを抱くようになったと思うわ。自分たちが持っている物を当たり前と思わないようになったようね。『今まで食べ物とか飲み水、身の安全とか寝るところ、それに虫除けスプレーがあるのは当然だと思っていたけど、そうした小さな物が本当にありがたいね』とたくさんの人たちが何回も言っているのを聞いたわ。ここに住んでいる人たちが、そうしたごく普通の物さえ持っていないのに、不平も言わずに幸せそうに生きているのを見て、とっても教えられたわね。村に行くと人々がほがらかに笑ったりしていて、この世で幸せに生きるにはいろんな方法があるのだと教えられたもの。この寂しい山間の寒冷地にも生き生きと喜びにあふれて力強く生きている人がいるのよね。わたしたちから見れば耐えがたい状況を逆に利用して、この人たちは強く生きているようね。彼らはこうした困難の中でもいつも明るい表情で頬を上気させ、瞳に笑みを浮かべているわね。テレビや水洗トイレや電子レンジがなくても彼らは幸せでいられるのよね。自分が置かれている状況とあるがままに調和しようという意志があれば幸せでいられるのね。こうした体験ができて本当に良かったと心から思うわ。家に帰ってもこのことを忘れないでいたいわね」

「ほんとね」とわたしも同意した。

「言葉は違ったけれども、ここの人たちはみんな、とっても親切でいろいろよくしてくれたわね。わたしたちの基準からいうと、この土地の人たちはほとんど何も持っていないけれども、わたしたちに実にいろんな物をくれたわ。ベニヤ板のベッドに五センチの厚さしかないマットレス、それに薄い毛布が二、三枚しかないのに、それをありがたいと思うのは新鮮な感覚だったわ」

メアリーマーガレットがうなずいて、「今回の経験で、生きていくのに物はあまりいらないということがわかったわね」と言った。

「わたしにとって楽しい一日かどうかを左右したのはお天気ではなかったわね。お天気なんて文字通り五分おきに変わるんですもの。じめじめして寒いかと思うと、雨が降って蒸し暑かったり、またはその中間のいろいろな天気。風が強かったりね。お天気の状態なんてまったく関係ないってことがよくわかった。楽しい一日になるか、不満だらけのみじめな日になるかを決めるのは、自分の中にある何かだってことにほとんどの人が賛成するんじゃないかしら」と言って、彼女は一息ついた。

「この内面界についてだけど、自分を理解するという点で、わたしたちみんな、ずいぶん進歩をとげたのじゃないかと思えるのよ。少なくともわたし自身は自分の弱点がはっきり見えるようになったわ。そしてそれはいいことだと思ってるの。だって自分を知ることによってはじめて、これまでの自分とは違うものになることを選べるのですものね。ここに来た人はみんな、程度の差こそあれ、自分自身に直面しなければならなかったと思うのよ。それが気に入ったかどうかは別として。ここの不思議な空気と関係あるのかもね」と言って、彼女はにやっと笑った。

「そうね」。わたしも笑った。

「確かに、自分に直面する機会には事欠かなかったわね。バスルームだけでもその人の最高の面と最悪の面を引っぱり出すことができたもの」

メアリーマーガレットは頭を後ろに振ると、フフッと笑った。「少なくともシャワーの順番を待つ必要はなかったわね」。

「それはなかったわね」とわたしも同意した。

「でも、誰かがトイレの水をくむのにバケツを使っていると、バケツが空くのを待たなくてはいけなかったわよ」

「このごろはもう床穴式のトイレにも慣れたわ。夜中に外で転げそうになりながらトイレの場所を探すのに比べたらどれほどいいかしれないわ。でもバスルームに虫がいるのには閉口するわね」と彼女が言った。

「それに夜中にかみつく蜘蛛」。わたしはここぞとばかりに自分たちが克服した苦労の種をつけ加えた。

「まったくね」と彼女はまたまじめな調子に戻りながらつづけた。

「今回の旅では次の瞬間に何が起こるか、まるで予測がつかないわね。ハワイにはサソリやムカデがいてね、わたしは虫をとても尊敬しているの。死ぬことはないんだけど、刺されるとそれはもう痛いのよ。真っ暗な中で〈バスルーム〉に入ってトイレにしゃがむ恐怖はもう克服したわ。もう今は寒さや臭いや暗闇に完全に意識を向けることができるの。わたしにとって、それは今ここにいたいという気持ちの表れね。ラム・ダス、ありがとう！（訳注3）

この地方は雄大だけれど、どこか寂しい感じがわたしにはするわ。この土地はまったく何の譲歩もしてくれないわね。ここの山はとても男性的で、最初は怖い気がしたわ。ペルーのアンデス山脈はとても女性的でやさしくて、〈わたしの場所〉というか女性の場所という気がしたの。ペルーでは女性が前面に出ていて強かったけど、ここではその反対ね。女性の姿をめったに見かけないし、見かけるとしたら、家のまわりか灌頂式でだけ。男性の世界ね。山もそれを反映しているわけね。だからわたしは強烈な男性エネルギーに直面しなくてはならなかったわ。どこもそれであふれているから。それがわたしに怖れをよびおこすのだわ。ま、だからこそ、ここがシバ神の保養地だと言われているわけね。シバ神は自分の連れ合いが遊ぶのは許しても、所詮ここは彼の家だというわけよ」

メアリーマーガレットはそこで一息つくと、目の前にそびえ立つ山々を見つめた。

「ここに来て以来、こうしたことのすべてがわたしの進むべき道をはっきり教えてくれたわ。どういう叡智を授かろうとそれはそれでいいのだけど、わたしが望むのはあらゆるものに対して思いやりの心を持つことね。出会う人の誰に対しても同じように思いやりと愛を感じたいの。この人よりあの人のほうが好きだということなくね。ダライ・ラマはすべての人に対して同じように心を開いて接していらっしゃったでしょう。あの方のようになりたいと思うのよ。ダライ・ラマが儀式を進めていかれる様子を見ていたら、そのことがよくわかったわ。よくお笑いになったけれど、同時に威厳もきちんと保っていらっしゃる。法王からわたしは実にたくさんのことを教えられたわ。だから願わくは、そうした普遍的な思いやりの心がわたしやあなたにも生まれてほしいわね。今ここではそれが可能だという気がするの。意識を目覚めさせてさえいれば、ね」

太陽がかなり下のほうまで沈んで、カイラス山を後ろから照らし出している。シバ神の家から黄金の光を放っているようだ。


「一日を除いて、カーラチャクラ灌頂《かんじょう》に毎日参加したんじゃない？」と、わたしは光の変わり具合を眺めながら尋ねた。

「ええ」と彼女は答えた。

「あなた個人として、どう思った？」

メアリーマーガレットはチベット製の純毛ベストの前をぎゅっとかき合わせると、「そうね、教えの内容は気に入ったんだけど……」と話しはじめた。

「とても全部は理解できないわ。わたしの理解の仕方とは違うし。ダライ・ラマは無学の農夫にもサンスクリット学者にも理解できるようなやり方で情報を伝えなくてはいけないわけだから。教育や理解の程度の差を越えて、一見、異なる意識レベルにある人たちみんなの心に訴える教えを考えつかなくてはいけないわけね。それに加えてわたしたち西洋人がいるわけだから、西洋人の心に訴え、彼らを奮起させて、自己変容をうながす方法を見つけなくてはならないでしょ。とってもむずかしい仕事よね」と言って、彼女は微笑んだ。

ふたりともしばらく黙って、あたりの景色に見とれていた。

「毎日の話の中にたくさんの珠玉の智恵があったわね。そのことでバーソロミューにとっても感謝しているのよ。バーソロミューがその珠玉をかき集めて、その中に差異を見るのではなく、共通の叡智としてわたしたちに示してくれたでしょ。バーソロミューは法王の教えを利用して、わたしたち自身の人生の理解を深め、生きる意欲を強化してくれたと思うの。カーラチャクラに参加することは、自分の限界に挑戦することだったわね。暑くて混んでいて、すべてが強烈で。わたしたちはできるだけ深く落ちついた内省的な態度で座り、四カ国語で話されるのを聞き、体が高温や強風や寒さや不快感を感じるままに抵抗せず、しかも今この瞬間に意識を集中しつづけなくてはいけなかったわけよね。それも何時間も」

「ちょっとやそっとではできないことよね」とわたしは言った。

「わたしにとって唯一の解決策は今この瞬間にいつづけることだったわ。とても入りきれないような小さな場所に押し込められて、そこに座ったまま現在の瞬間に意識を向けつづけるのは超人的な努力だったわ。空想に走ったりしてそこから抜け出したくなるんですものね。故郷のタオスでやったスウェットロッジの修行に似てるなと思ったわ。暑くても寒くても埃をかぶろうが風が吹こうが、心を開いて意識を今の瞬間に置いていられるかどうかで成功が決まるのよ。ここでは、これからちょうど教えの肝心なところが聞けそうだと思ったら、隣で人がおしゃべりをはじめて聞こえなかったり。そうすると今度は自分の反応をどうするかという問題が起こるわけ。静かにして、と言うかどうか。ま、何ものにも換えがたい体験だったわ」

　わたしたちの頭上で七つの雲がぶつかり合ってひとつになった。

「バーソロミューと法王とこの土地の組み合わせは何といってもパワフルだったわね。それらがいっしょになって実に信じられないような強烈なエネルギーを生みだしたわ」とわたしは不安げに雲を眺めながら言った。メアリーマーガレットが返事したので、わたしはすぐにふたりの会話に引き戻された。

「これからバーソロミューの教えはますます熱のこもったものになりそうな気がするわ。バーソロミューからの交信がいつ終わるのかまったくわからないから、一九九五年五月の月例会は予定しないほうがよさそうね。教えの中にますます緊迫感がみなぎってきた気がするし、パワーと単純明快さの両方が強まっていると思うわ。一点集中的なメッセージが教えの中に感じられるから、今回の旅での話はわたしたちと別れるにあたっての一番大切なアドバイスだと考えるべきでしょうね。普通の生活に戻ってからもバーソロミューの緊迫感が減ることはないと思うわよ。自己変容のパワーを得るためにこうした場所に来る必要はないと思うの。自己変容はどこにいても可能よね。どこにいたとしても、それを〝広大無限〟の変容と呼べるわよ」

「バーソロミューがふたつの異質なグループをひとつにまとめる様子を見て感心したわ」とわたしは言った。

「オーストラリア人たちは仏教の教えに親しみを感じているようだけど、アメリカ人たちはあなたを除いて仏教にほとんど無知で、なぜここにいるんだろうといぶかっていたと思うの。旅行のはじめの頃は、ふたつのグループにはっきり分かれるんじゃないかと思ったわ。バーソロミューがダライ・ラマの説く仏教の教義と〈彼〉の教えとのあいだに見事な橋渡しをしてくれたわね」

雨がポツポツ落ちてきたので、メアリーマーガレットは石垣の上で体をちょっと動かした。

「そうね、バーソロミューは人々のあいだに共通点を見つけだすのがいつもすばらしく上手だと思うわ。仲違いしたカップルが相談に来たときや、異なる宗教の人たちと話すときや、人々が考え方の違いによって争っているときなどに、実に見事に共通点を見つけられるのね。現代は緊張が非常に高まっているから、わたしたち、それを学ぶ必要があるわね。バーソロミューは、人々がつながることができるのは愛の心を通してだと何度も繰り返し指摘しているわ。わたしたちみんながこれだけ親密な関係でいられるのはバーソロミューの大きな愛のおかげだと思うの。彼の愛がなかったら、今度の旅行はこれほど成功しなかっただろうし、人々の違いによってグループがバラバラになった可能性もあるわ」

雨が会話の仲間に入ろうと勢いを増してきたので、傘をさして、雨に耐えることにした。

メアリーマーガレットはわたしのほうを向いて言った。

「それは、いわゆる〈愛の実践〉といううすばらしい原理の働きね。もっとも大切な教えのひとつだと思うわ。バーソロミューがわたしたちのグループをひとつにまとめられなかったとしたら、そのほうがむしろ驚きよね。彼のパワーは計り知れないものがあるもの。彼はわたしたちをバラバラのままの退屈な状態におく代わりに、ひとつにまとめて活気ある状態にしておく能力があるのね。それはまさに神の実践とわたしには思えるの。ほんとに感動するわ」。そう言って彼女は傘の柄を肩に乗せた。

「バーソロミューがわたしたちのパートナーとしてこれまでやってくれたことが何と光栄なことか、と最近ますます強く感じるの。バーソロミューのチャネリングの一端をになえたことはもう言葉で言い表せないくらい、名誉だわ。たとえそれが今日終わったとしても、わたしは永遠に感謝しつづける。わたしたちに必要なものはすべて教えてくれたと思うの。あとはわたしたち次第ね。バーソロミューは言うべきことはみな言ったでしょ。いろんな意味で教えはもう終了したと思うわ。今あるのはそれを強調することだけ。ということはわたしたち一人ひとりの課題であり、決心のときだということね。チャネリングという実験はいつ終わってもおかしくないわ」


わたしは少々気押されて深く息を吸った。

「結局あなたが言っていることは、バーソロミューとダライ・ラマは同じことをしているということね。ふたりとも霊的な情報と愛をさまざまなレベルにある人々にもたらしているわけ」

「そうね」と彼女は答えた。

「ふたりとも愛と平和の大切さを説き、人々のあいだにある分離は考え方の問題にすぎないと主張しているものね。ダライ・ラマはまずはじめに、あらゆる宗教に深い敬意を払う必要があると明言されたしね。今回の儀式全体の基調となる重要な言葉だったと思うわ。そうね、確かにこのふたつの教えはぴったり調和しているわね」と彼女は結論した。

「さて、陽も沈みかけたし、雨は降っているし、夕食の用意もできたでしょう。明日は一時的だけど別々の道に分かれていくのね」とわたしは言った。「考え方の問題にすぎないわね」。

メアリーマーガレットはわたしのほうを見ると、「そうね。じゃ、タオスでまた会いましょう」と言って、なぞめいた微笑を見せた。

満月の夜

最後の夜、わたしたちはベランダに集まった。夕暮れが夕闇となり、やがて真っ暗になった。夕日が沈んで、遠くの山の端が明々と燃えたと思ったら、星が出て、また消えていった。その度に星の輝きが強くなった。ポールとキャロリンは壁のところに立って黙ってカメラをのぞき込んでいる。わたしたちはカイラス山に向かって並んで座り、日没から月の出までの微妙な時間を静かに味わっていた。ソルがハミングしながらハルモニウムをやさしく奏でた。

すると突然、煌々と輝く月が山の端からほんの少し顔を出して、前面の山をレリーフのように浮き立たせた。近くにまだ残っていた雲が火をつけられたようにパッと燃えた。月はもう何万年も前からしてきた通りに昇るだけで、自分の美しさにはまったく気づいていない。女性が髪をふって水しぶきを飛ばすように、青白い光線が月面から四方八方に飛び散った。ここに女神がふたたび誕生した。まぶしいほどに輝き、完璧に丸く、パワフルで、静かに落ち着いている。

ソルが〝大いなる一《ワンネス》〟をたたえる詩を詠唱しはじめ、音楽が一段と激しくなった。やがてほかの者たちも歌に加わり、その歌声の力強さにわたしのうなじの毛が立ったほどだ。月がいったん雲の陰に隠れ、さらに昇ってふたたび顔を出すと、わたしはその瞬間のあまりの美しさに胸を打たれて声も出なかった。

その夜遅く、メアリーマーガレットはバスルームにバッグを持ち込んだ。カルパ最後の夜だ。彼女は楽な姿勢になると、ペンを取りだしてカーラチャクラの最終日の印象を書きとめた。

　今日は天気が数分おきに変化したが、それも教えだと思う。こだわりをすべて捨てて、何であろうと今起きていることに完全に意識を向ける。ここではそれが実に簡単にできる。でも〈もとの生活〉に戻ったらそんなに簡単にはいかないだろうという怖れが生じる。あわただしい生活に戻ったら、これを忘れてしまうのではないかという怖れがある。静寂の音をいったん聞いてしまったからには、それと完全にいっしょにいたいと切に願う。

　突然、自分が静寂と自分自身とこの瞬間とのあいだに偽りの分離を作ってしまったことに気づく。そこでバーソロミューの教えの基礎の基礎を思い出す。

「純粋な意識に分離はありません。まったくありません。〝大いなる一《ワンネス》〟しか存在しません。ただひとつです。分離があったとかあるだろうという考えは思考の結果にすぎず、幻想です」

　ということは、行くべきところもなければ、するべきこともなく、見つけるものもなく、失うものもない。

　今夜の歌声はいつになく胸を打たれるものだった。法王はカーラチャクラの最終日を満月の日に合わせられたのだ。そこでわたしたちはベランダに座って、歌声を雲や暗い空に向けて放った。

　わたしたちは明日人生の一章を閉じ、ある者は故国に戻り、ある者は旅をつづける。勇敢な旅人たちといっしょに旅をつづけないことを残念に思う気持ちも少しあるが、それ以上に、わたしは自分がもう充分に満たされたと感じる。あふれる感謝。あふれる感動。何という安心。そのすべてが今ここにある。わたしは神の懐にいる。

（注14）ナマステはヒンズー語の挨拶で、『わたしの中の神があなたの中の神にお辞儀します』という意味。

（訳注3）ラム・ダス（一九三一―一九九七）は元ハーバード大学教授でアメリカのニューエイジ運動のリーダーとして活躍。著書『ビー・ヒア・ナウ』（平河出版社）は精神世界の古典とみなされ、今ここに意識を置く必要を説いた。

21 別れ

最終日の朝、わたしたちはマフィンにジャム、オートミールに温かいチャイの朝食を食べるためにベランダに集まったが、いつもに比べて誰もがおとなしく、小声でたわいもないことを話していた。深く心を揺さぶる体験をしたあとの別れにはよくあることで、誰も何を言っていいのかわからないのだ。残留組は、出発組の荷物を急な坂道の下まで降ろしてやったり、忘れ物がないか調べたりした。メアリーマーガレットはジャケットをコックのネイマにやり、タオスの野球帽をチベット人女性のひとりにやった。あちこちでカメラのシャッターを押す音が聞かれ、人々はあわただしく最後の写真を撮ってからマイクロバスに乗り込んだ。

わたしたちのグループがふたつに分かれてそれぞれの道を行くのかと思うとわたしは悲しかった。わたしを含む六人のアメリカ人とオーストラリア組はここから北のロツング峠を越えてマナリに向かう予定だ。残りのアメリカ人たちはデリーに戻ってから、帰国の途につく。バーソロミューが自分もいっしょに連れていけと言った声が今でも聞こえる。彼がふたつの場所に同時にいられるようにとわたしは心から願った。

ついに最後の荷物が積み込まれ、最後の乗客がマイクロバスに乗り込んだ。わたしたちはバスの開いた窓からひとりずつ別れの抱擁をしていった。運転手たちはエンジンをかけると、埃を蹴散らして、シムラまでの一車線しかない細道にわれ先にとバスを走らせていった。わたしたちはおたがいの体に腕を回して寂しさをまぎらせながら、埃がおさまって最後のマイクロバスが見えなくなるまで見送った。それからペオの町まで下りて、旅行許可証を更新してもらい、車を手配した。

わたしがメアリーマーガレットのデリーまでの旅行記を読んだのはタオスに帰ってからだった。


シムラに着いたときはもう真っ暗だった。みなすっかり疲れていたが、とにかく無事だったことに感謝する。何しろ生きてここまで来られるかどうか心配した瞬間もあったのだから。タイヤはパンクするし、濃い霧に包まれた暗闇の中をヘッドライトもつけないで走るし、マイクロバスはあちこち壊れるし、帰り道はどこも山崩れの土砂だらけだった。数日前にカルパに向かった道とは思えないほどの変わり様だった。道は石ころだらけで、木が倒れ、大きな岩が道ばたに転がっていた。ここ数日間のあいだに夏の暴風雨が荒れ狂って信じられないほどの山崩れを起こしていた。

今日の出来事は脳裏にはっきりと焼き付いて忘れられない。今朝、わたしにとってはとてもつらい別れをしたあとで、山を下りてデリーへの帰途についた。この地方の〈道なき道〉を夜中に走らなくてもよいようにと、早朝に出発したのだ。突然マイクロバスが停まったので、バスを降りて前方を見ると、何ということか、山崩れだった。しかも、カルパに向かったときに遭遇したのより二倍もひどい山崩れだった。わたしはそこに立ったまま、どうしたものかと考えていた。先の山崩れの後片づけは三日間かかったが、この山崩れはそれよりもずっとひどいのだ。飛行機に乗り遅れるわけにはいかない。どうしよう？

わたしはジョージといっしょに近くまで歩いていって、土砂の山を眺めていた。するとジョージが突然、「あそこにいるのは、僕たちをこの前、厨子の中まで案内してくれた僧侶じゃないかな」と言ったので、よく見ると、確かにそうだ。山崩れの現場をえんじ色の僧衣を着た人が岩から岩へとぴょんぴょん跳んで回っている。彼が近くに来るまで待ってから、わたしはぐっと息をこらえると、即座に決断した。困っている女性と話す場合に僧侶が取るべき行動規範というものがあるのかどうか見当もつかなかったが、とにかくやってみるしかなかった。わたしは自分たちのグループが何者であるかを説明し、厨子の中で謁見を得たことを思い出してもらった。わたしたちの窮状を訴え、帰国の便に間に合うようにデリーに戻らなければならないのだが、道路の後片づけに何日もかかるのではないかと心配だ、何かアドバイスはないか、もと来た道に戻って遠回りでも山を迂回したほうがいいだろうか、と尋ねた。彼はチベット人らしいやさしい微笑を見せて、「法王が今日の午後三時にここを通られることになっています」と穏やかな声で返事した。彼はもう一度にっこりすると、お辞儀をして去っていった。

たったそれだけ。もし法王が通られるのなら、わたしたちの車は列の前方に停まっているのだから、わたしたちも通過できるということだ。

わたしがグループにそう伝えると、みな素直に落ち着いてそれを受け入れてくれて、びっくりするほどだった。もしわたしの決断が間違っていたらひどいことになるのに。わたしを信頼できない人がいたとしても、そうした声は聞こえてこなかった。わたしに聞こえたのは、笑い声と冗談と和気あいあいとした話し声だけだった。目の前にあるものが何であれ、それが〝神〟なのだから。この山崩れが大きな〝神〟であることは確かだ。だけどどうやってあんなに大きな岩を短時間で取り除けるのだろうか。

簡単なことだった。一方の側からブルドーザーを運んできて、反対側からもう一台のブルドーザーを運んできた。そして岩を道の端まで押していって谷間に落とすだけだった。むしろブルドーザーを現場に運ぶのに時間がかかって、岩を谷間に落とすのは瞬く間に完了した。

この前の山崩れのときにはブルドーザーを使わなかったのに、なぜ今回の山崩れでは使ったのか、とインド人のガイドに尋ねたら、「ダライ・ラマとチベット人一行が今日この道を通過できなかったらインド政府のメンツがつぶれるからですよ。わたしたちのすばらしい国が恥をかくことになりますからね」という返事だった。そういうことなのか。ま、この山を下りられるのなら、理由はどうでもいい。

そうこうするうちにやっと、後片づけがすんで、道を通過してもよいという許可が出た。とても道路と呼べる代物ではなく、何とか通過できる道というだけだった。最初にバスが通過することになった。わたしたちの見ている前で、バスはよろよろと危なっかしく左右に傾きながら、何とか通過した。ワーッと歓声が上がった。わたしたちの番だ。みな無事に通過して、心からホッとした。

わたしたちの後方に法王の一行が乗っている車が並んでいたが、強力なエンジンが搭載された車らしく、事故現場を風のごとくさっと通過したかと思うと、わたしたちのバスを追い越してシムラに向かっていった。車のアンテナにはチベット国旗がはためいていた。彼らが手を振り、わたしたちも手を振った。

突如、後ろの谷間から大きな音が聞こえてきた。山が落ちてきたような音だった。後ろを振り返ると、山崩れが道をふさいでしまったのが見えた。不思議な感動を覚えながらわたしたちは先へ進んだ。またまたわたしたちは幸運に恵まれた。しかし何の力で？　または誰の力で？　何の力にせよ、感謝あるのみ。

一週間後、六人のアメリカ人がデリーのホテルの前で空港行きの車を待っていた。ダーシーがどこかに消えたかと思うと、満面に笑みをたたえ、新聞を振りかざして現れた。

「これ、見てよ」と叫びながら、彼女はちぎり取った新聞記事をわたしに手渡した。「メアリーマーガレットたちが無事に帰りの便に乗れたかどうか心配してたでしょ？　これ見てよ」

キャロリンがわたしの肩越しに記事を読むと、「あと一日というところで無事乗れたのね」と満足げに言った。

わたしは手渡された小さな紙片に目をやると、あらゆることの完璧さに微笑んだ。

ハイウェイふたたび開通する
八月二十三日シムラ発――ヒンドスタン・チベット・ハイウェイは過去六日間にわたって不通となっていたが、本日開通し、キンナウル方面へのバスの運行が再開された。
（ユニ通信）

訳者あとがき

本書はバーソロミューの率いる旅行団体であるインウォード・バウンド・ツアーズが一九九二年に日本とインドを旅行した際の記録をまとめた本、『Journeys With A Brother』の後半を翻訳したものです。前半は『バーソロミューとの旅（上）日本編』として、すでに出版されています。

このインド編でバーソロミューは精神のピラミッドという概念を紹介し、その人の意識の発展段階に応じて異なる修行の仕方や教え方があると言っています。宗教や精神世界の本などをいろいろ読んでいくと、教えが矛盾しているように思えることがありますが、それは異なる意識レベルに向けて発せられた言葉だからだと考えられます。

それはちょうど、二歳の子どもには「火は危ないからぜったいさわっちゃダメ」と教えるが、小学生になるとマッチやコンロの使い方を教え、火は便利なものだが大人といっしょでなければ使ってはいけないと教え、中学生になると「火を使うことで人間は動物から人間になった。火の使用は文明の発達に不可欠だ」と教えるようなものでしょう。火に関する教えとしては矛盾していますが、生徒の意識段階を考えればどれも適切な教えです。

この辺の事情を高木悠鼓さんが著書『人をめぐる冒険』（マホロバアート刊／現在は絶版）の中でとてもわかりやすく説明しています。高木さんは、人間の意識は本人が意識しているいないにかかわらず自動的に進化しており、その進化は大きく分けて三つの段階を経るとして、それぞれを次のように定義しています。

一、生存のレベル＝動物的意識の段階

現在まだどこの国や民族でも、このレベルの意識が圧倒的多数をしめる。このレベルの意識の主眼は生き延びることにあり、生活のほとんどすべては、肉体を生存させるためにある。その行動規範は、「何かを得ること・持つこと」にある。わたしたちが、自分の生活のことをあれこれ心配するときや、自分や自分の所属する集団（会社、家庭、国家など）の存続のために他者と競争しなければいけないと思うときも、この意識レベルにある。また、エゴが未発達で、自分のエゴにも他人のエゴにも、ほとんど気づいていない。

二、自己実現のレベル＝人間意識の段階

一のレベルを通過すると、他者とは違う〈自己〉の確立が意識の中心を占めるようになる。この意識レベルでは、自己拡大、自己実現、自己表現をするために、「さまざまなことを行い・体験すること」を強く望む。自己を確立する過程で、自分のエゴと他者のエゴに気づき、自分の価値観と自分が所属する共同体（家族、学校、国家）の価値観の違いからくる軋轢、葛藤もしばしば経験する。いわゆるニューエイジ的思考とか成功哲学とか呼ばれているものは、すべてこの意識レベルの育成に役立つものである。この段階の完成がいわゆる人間の完成である。

三、存在のレベル＝神意識のレベル

二のレベルを通過し、人が自己を確立し、〈完全なるエゴイスト〉になるとき、人の意識は自然に自己を越えたものへと向かうようになる。このレベルがはじまるとき、自分は一人の人間であり、個体であるという意識の崩壊がはじまる。この意識レベルの主眼は、「何かを得る・持つこと」でも、「何かを経験すること・行うこと」でもなく、「意識して存在していること」にある。この意識に完全に定着して、自己を越えたものを見てしまった人は、自分のエゴも他人のエゴも受け入れることができ、自分を抑圧することなく、他者のことを真に考えることができる。人間意識の崩壊が完成したとき、いわゆる〈悟り〉とか〈覚醒〉という現象が起こる。

バーソロミューの教えはこの二段階から三段階へ移行しようとしている人たちを対象としていますので、ときに矛盾しているように聞こえたり、今まで信じてきたことと正反対のことを言われて頭が混乱してしまいます。本書の中でも、一貫した自己は存在しない、何も努力することも練習することもないのだとバーソロミューから言われると、ジョイたちは混乱してしまいます。引き寄せの法則を使って願望実現に努力してきた人にとって、それまでの努力が間違っていたと言われたような気がします。人間には自由意志があたえられていて、自分の現実を一瞬一瞬自分の手で創り上げているのだという二段階の教えを否定するからです。

バーソロミューは、「ただ意識をとぎすまして、今ここにあること」が大切だ、と三段階の教えを強調します。そうすれば自分が純粋な意識そのものであることがわかると説きます。この宇宙のはじまりから存在しつづけ、あらゆるものの創造エネルギーであるものを、バーソロミューは〝純粋な意識〟、〝大いなる自己〟、〝無・空《くう》〟、〝わたし〟、〝大いなる光〟、〝深奥の自己〟などとさまざまな名前で呼んでいます。人間の言葉ではとても表しきれないものを表現しようとするので、いくつもの切り口が必要となるのでしょう。自分とはこれこれの家族のもとに生まれ育ち、これこれの教育を受け、こうした仕事をしているこんな性格の人間だというアイデンティティはスクリーンに映る映像のようなもので、その人の本質ではないとバーソロミューは教えます。自分が純粋な意識であるのだと自覚したときに、人はあらゆる瞬間に起きることを好き嫌いなくありのままに受け入れ、深い喜びと安心を感じるのだと言います。そのためには思考を離れて、いまこの瞬間に常に意識をおくようにしなくてはなりません。それがいかにむずかしいかはジョイをはじめ、わたしたちが常日頃体験していることです。そんなわたしたちにバーソロミューは励ましの言葉をたえず送ってくれます。そして、見えない世界から助けの手がいつも伸びているのだから、それを求めるようにと勧めます。

こうした教えを最後に、バーソロミューは一九九五年にメアリーマーガレット・ムーアさんを通しての交信を終了しました。本書が英語でも日本語でもバーソロミューの最後の本となります。バーソロミューは教えるべき事はすべて教えたと本書の中でも述べていますが、わたしたちを意識の第三段階の入り口まで道案内してくれました。その後は、道なき道であり、一人ひとりが自分の道を見つける以外にありません。

日本でも、バーソロミューの本が最初に紹介された一九九〇年代はまだ二段階の教えが浸透している時期で、三段階の教えを学んでいる人たちは少数派だったようですが、今日では多くの人たちが三段階に達しているように見受けられます。特に、バーソロミューの本に惹かれる人たちはそうでしょう。世界的に意識が大きく進化しているのが感じられます。

本書でも、スピリチュアルな意識に目覚めている人たちにはマインドやワンネスなどの概念が浸透していることを考慮して、フリガナを追加しました。英語のマインドは主に思考したり認識したり感知したり意図したりする知的機能を示しますが、感情が含まれる場合もあります。また、顕在意識と潜在意識を抱合したものという意味もあります。それで、翻訳する際には、心、精神、頭、思考など、文脈によって、複数の言葉に置き換えています。バーソロミューは、ワンネスに関しては、One、The One、Onenessと三つの言葉を使っていますが、同じ意味で使っています。

当時はまだOnenessという言葉は定着していませんでした。

愛と叡智にあふれるバーソロミューのメッセージを翻訳できたことを光栄に思うとともに、それを可能にしてくださった方々、チャネラーのメアリーマーガレット・ムーアさん、英語編集者のジョイ・フランクリンさん、マホロバアートの代表でいらっしゃった高木悠鼓さん、そしてバーソロミューの本をすべて復刊してくださったナチュラルスピリット社の今井社長に深く感謝いたします。

日本語版の編集は「バーソロミュー2」「バーソロミュー3」「バーソロミュー4」に引き続き、澤田美希さんが担当してくださいました。彼女のバーソロミューに対する情熱と有能な腕でアップデートしていただきました。日本の現状に疎いわたしに適切なアドバイスを随所でしてくださり、本書が完成したのは澤田さんのおかげだと思っています。ありがとうございました。

また、チベット仏教に関しては上巻と同様、タシー・テンルップさんに貴重なアドバイスをいただきました。お礼を申し上げます。

二〇二三年五月

ヒューイ陽子

■チャネル
メアリーマーガレット・ムーア（Mary-Margaret Moore）

ハワイ諸島で育ち、幼い頃からハワイのさまざまな宗教の異なる概念に触れる。9歳のときのある体験により、自分が見聞きしているすべての宗教の中心には、真理を発見する道があることを知る。それは、どんな人生を歩んだ人であれ、すべての人はその道を知るパワーにアクセスできるということ。以来、内在する聖なるパワーとの結びつきに気づくための、あらゆる方法を学んできた。

1977年に、バーソロミューとして知られるエネルギーが人生に入ってきたことにより、18年間ともに仕事をしてきたが、自分の内なる存在を発見するために必要な情報をバーソロミューがすべて与えたことを理由に、その教えは95年に終了。

本書以外のバーソロミューの本として、『バーソロミュー――大いなる叡智が語る愛と覚醒《めざめ》のメッセージ』『バーソロミュー2――夢から目覚める』『バーソロミュー3――大いなる叡智が語る平和への祈り』『バーソロミュー4――大いなる叡智が語る内なる神性の目覚め』（ナチュラルスピリット）がある。

米国ニューメキシコ州で公開ミーティング、ワークショップ、カウンセリングなどの活動を精力的に行ってきた。2022年5月逝去。

ホームページ　https://www.marymargaretmoore.com/

■訳者
ヒューイ陽子（Yoko Huey）
1948年福岡市生まれ。津田塾大学英文科卒業。米国ジョージタウン大学言語学科修士過程およびバスティア大学応用行動科学科修士課程修了。大学講師、外資系企業勤務、翻訳業、心理カウンセラーなどとして働くが、2021年に引退。訳書に、『バーソロミュー』のシリーズ（マホロバアート、ナチュラルスピリット）、『ソース』（ヴォイス）などがある。

本書は、『バーソロミューの旅日記（下）』（1999年、マホロバアート刊）を一部加筆修正し、復刊したものです。

バーソロミューとの旅（下）インド編

●

2023年6月23日 初版発行

著者／バーソロミュー
訳者／ヒューイ陽子

編集／澤田美希
DTP／山中 央

発行者／今井博揮
発行所／株式会社 ナチュラルスピリット
〒101-0051 東京都千代田区神田神保町3-2 高橋ビル2階
TEL 03-6450-5938 FAX 03-6450-5978
info@naturalspirit.co.jp
https://www.naturalspirit.co.jp/

印刷所／モリモト印刷株式会社

ISBN978-4-86451-441-5 C0011